Coleção
LÍNGUA PORTUGUESA NA ESCOLA

QUALQUER MANEIRA DE ALFABETIZAR VALE A PENA?

Histórias de alfabetização de uma professora pesquisadora

Eliana Borges Correia de Albuquerque

autêntica

Copyright © 2023 Eliana Borges Correia de Albuquerque
Copyright desta edição © 2023 Autêntica Editora

Todos os direitos reservados pela Autêntica Editora Ltda. Nenhuma parte desta publicação poderá ser reproduzida, seja por meios mecânicos, eletrônicos, seja via cópia xerográfica, sem a autorização prévia da Editora.

EDITORAS RESPONSÁVEIS
Rejane Dias
Cecília Martins

CAPA
Alberto Bittencourt

DIAGRAMAÇÃO
Guilherme Fagundes

REVISÃO
Anna Izabella Miranda

APOIO

UFPE

Dados Internacionais de Catalogação na Publicação (CIP)
(Câmara Brasileira do Livro, SP, Brasil)

Albuquerque, Eliana Borges Correia de
   Qualquer maneira de alfabetizar vale a pena? : histórias de alfabetização de uma professora pesquisadora / Eliana Borges Correia de Albuquerque. -- 1. ed. -- Belo Horizonte : Autêntica, 2023. (Coleção Língua portuguesa na escola).

   Bibliografia.
   ISBN 978-65-5928-322-4

   1. Alfabetização 2. Educação 3. Professores - Formação 4. Recife (PE) I. Título II. Série.

23-167940   CDD-372.41

Índice para catálogo sistemático:
1. Alfabetização : Educação 372.41
Aline Graziele Benitez - Bibliotecária - CRB-1/3129

Belo Horizonte
Rua Carlos Turner, 420
Silveira . 31140-520
Belo Horizonte . MG
Tel.: (55 31) 3465 4500

São Paulo
Av. Paulista, 2.073 . Conjunto Nacional
Horsa I . Sala 309 . Bela Vista
01311-940 . São Paulo . SP
Tel.: (55 11) 3034 4468

www.grupoautentica.com.br
SAC: atendimentoleitor@grupoautentica.com.br

Introdução 7

CAPÍTULO 1

Alfabetização com a "Casinha Feliz" 11

CAPÍTULO 2

Alfabetização na perspectiva da
pedagogia montessoriana 29

CAPÍTULO 3

Alfabetização sem métodos?
O ensino da leitura e da escrita no ciclo
básico de alfabetização no Recife 41

CAPÍTULO 4

"Alice termina com C" e "Marina esta esalxta":
o olhar da mãe-pesquisadora na alfabetização
de suas filhas 63

CAPÍTULO 5

Pesquisas sobre práticas de alfabetização:
algumas evidências científicas ignoradas pela PNA 95

Considerações finais 113

Referências 117

INTRODUÇÃO

O tempo não para
[...]
Eu vejo o futuro repetir o passado
Eu vejo um museu de grandes novidades
O tempo não para
Não para não, não para

Cazuza e Arnaldo Pires Brandão

Qual a melhor maneira de alfabetizar? Existe um método mais eficaz para o ensino da leitura e da escrita? Essas são perguntas que eu sempre me fazia quando lecionava em turmas de alfabetização em uma escola da Secretaria de Educação da cidade do Recife. Essas são perguntas que docentes que trabalham com alfabetização buscam responder no cotidiano de suas práticas.

Em 2020, no primeiro ano da pandemia da covid-19, trabalhando de forma remota em casa, precisei escrever um memorial acadêmico para submeter a uma banca como exigência da segunda etapa do processo de progressão para professor titular da UFPE. A princípio pensei em fazer um relato das experiências que vivenciei ao longo da minha trajetória acadêmica como professora do curso de Pedagogia do Centro de Educação e do Programa de Pós-Graduação em Educação da UFPE.

Mas, no momento da escrita desse texto, além da pandemia, o Brasil vivia mudanças correspondentes a retrocessos em vários aspectos da vida social e política. A música de Cazuza, lançada em 1988, ano da promulgação da Constituição considerada "cidadã", não me saía da cabeça: "Eu vejo o futuro repetir o passado, eu vejo um museu de grandes novidades, o tempo não para, não para não, não para". Sim, "o tempo não para", mas a sensação que tive, ao começar a escrever o memorial, foi a de que o tempo em que vivenciei minhas experiências acadêmica e profissional, iniciadas em 1986, primeiro ano do processo de redemocratização do Brasil, estava sendo apagado... Sim, "o tempo não para", e víamos, a cada dia, o risco de "o futuro repetir o passado" da pior forma possível, ignorando-se anos de conquistas sociais, políticas e educacionais.

No início do governo Bolsonaro, em abril de 2019, assistimos à publicação da Política Nacional de Alfabetização (PNA), que, ignorando pesquisas e práticas de alfabetização desenvolvidas em diferentes regiões do nosso país, defendia metodologias de alfabetização baseadas na instrução fônica e em uma concepção de alfabetização como o ensino da codificação e decodificação. Nesse contexto de retrocessos, optei por escrever, no memorial, minhas vivências relacionadas ao campo em que atuo como professora e pesquisadora: o da Educação e Linguagem, mais especificamente na área de alfabetização (de crianças, jovens e adultos), e fiz um texto correspondente a um memorial-tese, uma vez que não apenas relatei minhas experiências de formação e atuação como professora do Centro de Educação, mas analisei algumas experiências de alfabetização que vivenciei como aluna, professora e também como mãe, relacionando-as às pesquisas que desenvolvi. São essas experiências que decidi compartilhar, em forma de livro, com professoras/professores, estudantes e todas as pessoas que se interessam pela arte de alfabetizar. Para a publicação deste livro, contei com o apoio da UFPE, por meio do Edital de Apoio ao Pesquisador vinculado aos Programas de Pós-Graduação da UFPE (edital PROPG n.º 02/2021).

Fui alfabetizada na pré-escola – atualmente educação infantil – por meio de um método fônico muito utilizado na época – o "Casinha Feliz" –, o qual ainda hoje se faz presente em algumas escolas do nosso país. No primeiro capítulo do livro, fiz um relato do que deve ter sido minha experiência de alfabetização. Para isso, analisei os livros didáticos desse método e algumas atividades que realizei nos dois anos da pré-escola que, felizmente, minha mãe havia guardado.

Será que quem com método fônico se alfabetiza, com método fônico alfabetizará? Minha experiência como docente debutante se deu em 1986, em uma turma da educação infantil de uma escola privada montessoriana, que adotava o método fônico na alfabetização das crianças. No segundo capítulo do livro, relato minhas práticas de ensino com a língua escrita nessa escola, cuja análise foi enriquecida por uma pesquisa que desenvolvi em uma escola montessoriana da França, durante meu pós-doutorado realizado em Lyon, em 2018-2019.

Em 1987, por meio de concurso público, ingressei como docente da Secretaria de Educação do Recife e tive o privilégio de participar da experiência do Ciclo Básico de Alfabetização (1986-1988). Foi nesse momento que, como aluna do curso de Pedagogia da UFPE e professora de turmas de alfabetização na referida rede de ensino, compreendi as críticas aos métodos tradicionais de alfabetização – como os métodos silábico e fônico – e passei a construir, junto às minhas colegas alfabetizadoras e às coordenadoras e assessores que nos acompanhavam, práticas de alfabetização tomando por base a teoria da *psicogênese da língua escrita* e os estudos que defendiam a importância de a escola considerar os usos e funções sociais da escrita. No Capítulo 3, relato um pouco do que foi o Ciclo Básico de Alfabetização no Recife e de como construímos práticas de alfabetização considerando os conhecimentos que nossos alunos tinham sobre a escrita alfabética ao mesmo tempo em que trabalhávamos com a leitura e produção de textos.

No Capítulo 4, discorro sobre os processos de alfabetização das minhas duas filhas, com o olhar da mãe-pesquisadora da área de alfabetização. As duas estudaram, desde a educação infantil, em uma escola da rede privada cuja proposta pedagógica se baseava no socioconstrutivismo. Diferentemente da mãe, elas não se alfabetizaram por meio do método fônico.

No último capítulo, apresento, de forma resumida, pesquisas que desenvolvi e orientei na área de alfabetização, envolvendo a educação infantil, os anos iniciais do ensino fundamental e a educação de pessoas jovens, adultas e idosas, pesquisas essas que apresentam evidências científicas importantes que vão na contramão do que é defendido na PNA (2019).

Por fim, nas considerações finais, tento responder à pergunta que está no título do livro: *qualquer maneira de alfabetizar vale a pena?*

Concluo esta introdução retomando a música de Cazuza – "o tempo não para, não para, não, não para" – destacando que em todo esse tempo de dedicação à área de alfabetização em que me formei professora e atuei na docência, na pesquisa e extensão, assim como na formação de professores, foram muitas as pessoas que estiveram ao meu lado e exerceram importantes papéis em minha formação. Assim, com trechos do poema "Saudade", de Clarice Lispector, agradeço a todas as pessoas que, em diferentes momentos e de diferentes formas, fizeram e fazem parte da história de minha vida e a encheram/enchem de saudades.

> *Sinto saudades de tudo que marcou a minha vida.*
>
> *Quando vejo retratos, quando sinto cheiros, quando escuto uma voz, quando me lembro do passado, eu sinto saudades... Sinto saudades de amigos que nunca mais vi, de pessoas com quem não mais falei ou cruzei... [...]*
>
> *Sinto saudades dos livros que li e que me fizeram viajar! [...]*
>
> *Eu acredito que um simples "I miss you", ou seja lá como possamos traduzir saudade em outra língua, nunca terá a mesma força e significado da nossa palavrinha. [...]*
>
> *Porque encontrei uma palavra para usar todas as vezes que sinto este aperto no peito, meio nostálgico, meio gostoso, mas que funciona melhor do que um sinal vital quando se quer falar de vida e de sentimentos. Ela é a prova inequívoca de que somos sensíveis! De que amamos muito que tivemos e lamentamos as coisas boas que perdemos ao longo da nossa existência...*

"Saudade", Clarice Lispector

CAPÍTULO 1

ALFABETIZAÇÃO COM A "CASINHA FELIZ"

Em minha experiência como professora alfabetizadora e professora que trabalha na formação de professores alfabetizadores, escutei comentários de professores, pais e mães de alunos, e ainda da mídia, que diziam não entender o porquê de tantas críticas aos famosos métodos tradicionais de alfabetização. Para eles, se tais métodos ajudaram na alfabetização de toda uma geração de estudantes que aprenderam a ler e escrever na escola, ou mesmo antes de nela ingressarem, por que não podem continuar sendo usados?

A história da minha alfabetização é mais uma que comprovaria a "eficácia" de tais métodos no ensino da leitura e da escrita, uma vez que eu e minha irmã gêmea – Roberta – aprendemos a ler pelo método "Casinha Feliz", em uma escola privada, ainda aos cinco anos de idade, quando frequentávamos a pré-escola. Vou contar um pouquinho dessa história com o objetivo de defender que o que foi bom – ou eficaz – para alguns não necessariamente é o que deve ser feito para outros, principalmente quando o contexto desses "outros" é bem diferente.

Minha primeira experiência com uma escola não deu muito certo. Com dois anos e meio, em fevereiro de 1971, fomos – eu e minha irmã, Roberta – matriculadas em uma escola onde nossa irmã mais velha – Ana Emília – já estudava: o Educandário Mini Doutor. Naquela época morávamos em um bairro conhecido hoje como Setúbal, que ainda era muito pouco povoado, e essa escola localizava-se perto da nossa casa. Minha mãe relata que eu e Roberta não conseguimos nos adaptar de modo algum à escola e ela resolveu, então, nos deixar em casa e adiar o início da nossa vida de alunas/ estudantes por dois anos. Acredito que uma escola que tinha esse nome não deveria mesmo ser um espaço atrativo para crianças. Mas qual escola, nessa época, o era?

Em 1973, aos quatro anos e meio, iniciamos, de fato, nossa vida estudantil em uma escola inaugurada naquele mesmo ano, cuja diretora era amiga da minha mãe e que se chamava Escola Madre de Deus. Ela funcionava em uma casa, as salas eram em seus cômodos e havia uma área na frente com dois balanços, um brinquedo de girar, um escorrego, uma gangorra e uma casinha. Entramos no Jardim 2 e, no ano seguinte, final do Jardim 3, já sabíamos ler e escrever. Não tenho lembranças das atividades que realizávamos em sala, pois o que ficou marcado em minha memória foram os momentos do parque, a fila que fazíamos para nos balançar em um dos dois balanços, e como nos divertíamos nos outros brinquedos.

Mas, voltando a minha alfabetização, nessa escola havia a proposta de antecipação da alfabetização[1] e, desde a pré-escola, a cartilha *A Casinha Feliz,* de autoria de Iracema Meireles e Eloisa Meireles e que se baseava no método fônico de alfabetização, era utilizada.

---

[1] A partir da década de 1970, diante do elevado índice de fracasso escolar que atingia as crianças de meios populares, a educação pré-escolar passou a ser tratada como um período de *Educação Compensatória,* cujo objetivo principal seria o de compensar as "deficiências culturais" dessas crianças, preparando-as para a alfabetização a ser vivenciada na 1ª série do ensino fundamental (KRAMER, 1982; 1992). No caso da nossa escola, o ensino sistemático da leitura e da escrita com apoio da cartilha já iniciava no Jardim 3.

Figura 1 – Capa da cartilha *A Casinha Feliz*

Fonte: Meireles e Meireles (2000).

De acordo com Fávero e Britto (2002), a cartilha *A Casinha Feliz* foi editada pela primeira vez em 1963, com o título *História da Casinha Feliz*, a pedido do educador Anísio Teixeira, em uma edição do INEP – MEC que não podia ser comercializada. Em 1970 ela passou a ser editada comercialmente pela Editora Record, com o título *A Casinha Feliz*. Foram 34 edições, de 40 mil exemplares cada, com contínuas revisões. Em 1972, após parecer expedido pelo INEP, escrito por Lourenço Filho, a referida cartilha foi incluída no catálogo da Fundação de Amparo ao Estudante (FAE), que, naquela época, financiava um programa de distribuição de livros didáticos às escolas públicas. Em 1997, quando o Programa Nacional do Livro Didático (PNLD) – MEC passou a avaliar os livros que seriam disponibilizados para as escolas públicas, a cartilha *A Casinha Feliz* não foi aprovada na avaliação, sob a alegação de conter erros conceituais e, desde então, deixou de constar nos Guias do PNLD.

Eu não tenho muitas lembranças das atividades que realizei em sala de aula relacionadas à referida cartilha. Lembro-me de alguns dos personagens que faziam parte das histórias da *Casinha Feliz*: a vovó, o papai, a mamãe, Vavá, Vevé, Vivi, o neném... Era uma família feliz, harmoniosa, não muito diferente da minha, que também era constituída de pai, mãe, quatro filhos (um deles era um neném que nasceu no ano em que cursei o Jardim 3) e uma avó que morava conosco. Era uma família, no entanto, muito diferente de tantas que existiam na época e existem na atualidade. Também não me recordo das histórias que compunham a cartilha, provavelmente por não serem tão interessantes. Embora seja considerado um método global-fonético por apresentar os sons por meio de histórias (FÁVERO; BRITO, 2002), tais histórias eram bem artificiais e tinham o objetivo de introduzir as letras-fonemas e as sílabas formadas por elas, como abordarei mais adiante.

O que, de fato, eu lia e escrevia na escola nesses dois anos em que aprendi a ler e escrever? Anne-Marie Chartier (1998; 2002) nos ensina que a partir do exame de certos dispositivos e materiais escolares[2] (atividades, cadernos, livros didáticos...) podemos perceber elementos das práticas docentes. Assim, por meio da análise de atividades correspondentes às avaliações que fiz no final dos dois anos de pré-escola, e da cartilha pela qual me alfabetizei, pude realizar algumas inferências sobre meu processo de alfabetização.

No meu primeiro ano escolar (turma do Jardim 2), o foco do trabalho na área de linguagem era nas atividades de coordenação motora e discriminação visual consideradas importantes para "preparar o aluno para a alfabetização". Tais atividades estão relacionadas ao que Mortatti (2000) apontou como o terceiro momento da história da alfabetização: o da "alfabetização sob medida", que tem sua origem na disseminação, repercussão e institucionalização das bases psicológicas da alfabetização contidas no livro *Testes ABC para verificação da maturidade necessária ao aprendizado da leitura e escrita* (1934), escrito por M. B. Lourenço Filho.

Como pode ser observado nas imagens de atividades apresentadas a seguir, a atividade da Fig. 2 corresponde às tradicionais tarefas de

---

[2] Em minha pesquisa de doutorado, por orientação de Anne-Marie Chartier, que foi minha orientadora do doutorado sanduíche realizado na França, analisei cadernos escolares de alunos/alunas das turmas participantes do estudo para, juntamente com as entrevistas e observações, entender o processo de construção das práticas de ensino da leitura das professoras.

coordenação motora que ainda hoje estão presentes em muitas turmas da educação infantil. Não só a capacidade de fazer o traçado dentro do espaço indicado era avaliada, também havia o estímulo à pintura dos desenhos presentes nas tarefas. A coordenação motora também era trabalhada e avaliada por meio das atividades de cópia de palavras com letra cursiva, como a da Fig. 3. Já a atividade da Fig. 4 indica que, ao longo do ano, aprendemos as famosas "amiguinhas" – as letras correspondentes às vogais –, que no referido método eram tratadas na forma masculina: "os amiguinhos". Comparando a escrita dessas letras (Fig. 4) com a das palavras da atividade da Fig. 3, pode-se inferir que, ao longo do ano, muitas atividades de cópia dos tais "amiguinhos" devem ter sido propostas, enquanto as demais letras ("os ajudantes") não devem ter sido foco de ensino. Em relação à atividade da Fig. 5, as palavras dessa questão, como as da questão da Fig. 3, eram as mesmas presentes na cartilha *A Casinha Feliz*: a mamãe, o neném, o papai e a vovó.

Figura 2 – Atividade de coordenação motora

Figura 3 – Atividade de cópia de palavras

Fonte: Acervo pessoal.

Fonte: Acervo pessoal.

15

Figura 4 – Atividade de escrita das vogais

Fonte: Acervo pessoal.

Figura 5 – Atividade de reconhecimento de palavras iguais

Fonte: Acervo pessoal.

Assim, no Jardim 2, meu primeiro ano de escolarização, eu devo ter realizado, além das atividades de coordenação motora e discriminação visual, as primeiras lições da cartilha *A Casinha Feliz*, que, nas páginas iniciais, após solicitar que os alunos montem a casinha feliz (Fig. 6 e 7), apresenta os personagens-moradores da casinha (Fig. 8) e, na página 9, introduz os cinco amiguinhos correspondentes às vogais (Fig. 9).

Figura 6 – Atividade da cartilha *A Casinha Feliz*

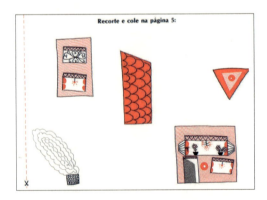

Fonte: Meireles e Meireles (2000, p. 3, Caderno de exercícios).

Figura 7 – Atividade da cartilha *A Casinha Feliz*

Fonte: Meireles e Meireles (2000, p. 5, Caderno de exercícios).

Figura 8 – Atividade da cartilha *A Casinha Feliz*

Fonte: Meireles e Meireles (2000, p. 7, Caderno de exercícios).

Figura 9 – Atividade da cartilha *A Casinha Feliz*

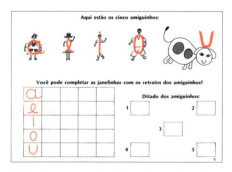

Fonte: Meireles e Meireles (2000, p. 9, Caderno de exercícios).

No ano seguinte – o Jardim 3 –, as demais lições da cartilha devem ter sido trabalhadas, porque eu concluí o ano com uma caligrafia muito bonita, conseguindo copiar, ler e escrever palavras diversas, principalmente as presentes na cartilha. As atividades da Avaliação de Comunicação e Expressão que fiz no final do ano (1974), apresentadas a seguir, indicam essas aprendizagens.

Figura 10 – Atividade da Avaliação em Comunicação e Expressão

Figura 11 – Atividade da Avaliação em Comunicação e Expressão

Fonte: Acervo pessoal.

Fonte: Acervo pessoal.

Figura 12 – Atividade da Avaliação em Comunicação e Expressão

Figura 13 – Atividade da Avaliação em Comunicação e Expressão

Fonte: Acervo pessoal.

Fonte: Acervo pessoal.

Figura 14 – Atividade da Avaliação em Comunicação e Expressão

Fonte: Acervo pessoal.

Figura 15 – Atividade da Avaliação em Comunicação e Expressão

Fonte: Acervo pessoal.

Atividades como a da Fig. 10, de coordenação motora, parecem que ainda foram bem frequentes nesse segundo ano da escola, junto com outras específicas da alfabetização que focavam no ensino dos fonemas/letras do alfabeto e na leitura, memorização e cópia de palavras com as letras/fonemas trabalhados. Sabemos que, até meados da década de 1980, as práticas de alfabetização eram baseadas em métodos sintéticos ou analíticos (MORTATTI, 2000), que concebiam a criança – e os adultos analfabetos – como sujeitos passivos que aprendem por meio da assimilação de conhecimentos transmitidos pelo professor. Emília Ferreiro e Ana Teberosky (1984) destacaram que tais métodos, ao enfatizarem as habilidades perceptivas, ignoravam a competência linguística das crianças e suas capacidades cognoscitivas.

No período de 2003 a 2006, desenvolvi uma pesquisa[3] em parceria com os professores Artur Gomes de Morais e Andréa Tereza

---

[3] A pesquisa, financiada pelo CNPq, foi desenvolvida no Núcleo de Didática dos Conteúdos Específicos da Pós-Graduação em Educação da UFPE e

Brito Ferreira, intitulada "Mudanças didáticas e pedagógicas nas práticas de alfabetização: que sugerem os novos livros didáticos? que dizem/fazem os professores?", que tinha como um dos objetivos analisar o que as cartilhas baseadas em métodos sintéticos de alfabetização – fônicos e silábicos – propunham como estratégias para o ensino do Sistema de Escrita Alfabética (doravante SEA) e o que solicitavam, do ponto de vista cognitivo e linguístico, do aprendiz a quem se dirigiam. O estudo foi desenvolvido em duas etapas: na primeira, analisamos nove livros didáticos de alfabetização, sendo três correspondentes a cartilhas consideradas "tradicionais"[4] (uma fônica e duas silábicas) e seis livros aprovados pelo PNLD 2001; na segunda parte, analisamos o processo de construção de práticas de alfabetização de um grupo de professores que lecionavam na Secretaria de Educação da cidade do Recife. No Capítulo 4 apresentarei esse estudo com mais detalhes.

Ao nos debruçarmos nas três cartilhas que se baseavam em métodos tradicionais[5] (a cartilha do método fônico era *A Casinha Feliz*), percebemos que as atividades correspondiam principalmente à leitura e cópia de letras/fonemas/sílabas, palavras e textos cartilhados e à exploração de diferentes tipos de letras, com ênfase na escrita cursiva. Em muitas estavam, os alunos podiam responder às questões sem saber o que estavam copiando. Eram, portanto, atividades que concebiam a escrita como código[6] que deveria ser aprendido

---

estava vinculada ao Grupo de Pesquisa de Didática do Ensino da Língua Portuguesa.

[4] Magda Soares (2004) nos lembra que os métodos considerados "tradicionais" um dia foram "novos", ou "inovadores". No caso do método "Casinha Feliz", ele era um método fônico de alfabetização cuja inovação consistia, como apontado por Fávero e Brito (2002), no trabalho com figuras-fonemas apresentadas por meio de histórias criadas pelas autoras para apresentação das relações entre letra-som.

[5] As três cartilhas analisadas foram: *Pipoca: método lúdico de alfabetização*, de Paulo Nunes de Almeida; *Este mundo maravilhoso*, de Esther Sarli; e *A Casinha Feliz*, de Iracema Meireles e Eloisa Meireles.

[6] Ferreiro (1985), no livro *Reflexões sobre alfabetização*, faz uma distinção entre a escrita concebida como um código de transcrição que converte as

por meio da memorização de letras/fonemas/sílabas, e que pouco ajudavam no processo de apropriação da escrita alfabética, como apontado por Ferreiro (1985). Os resultados dessa análise foram apresentados em um seminário sobre livro didático e publicado em livro (MORAIS; ALBUQUERQUE, 2005).

No caso específico da cartilha *A Casinha Feliz*, a organização consistia em 12 lições básicas, a maioria delas envolvendo a apresentação e o trabalho com os fonemas, como pode ser observado na Fig. 16. As letras do alfabeto eram consideradas figuras-fonemas e eram associadas a palavras iniciadas com o fonema (P de "papai", G de "gato"...) ou a imagens que sugeriam sons. A Fig. 17 apresenta, por exemplo, o G de gato, o F do guarda-chuva que soprava *fff* e o J de jato d'agua da mangueira. Essa estratégia de associar letras a ilustrações que representam o formato da letra também foi usada na *Cartilha Caminho Suave*, de Branca Alves, em um processo denominado de "alfabetização pela imagem" (MACIEL, 2002; PERES *et al.*, 2016). Tal estratégia parece confundir mais do que ajudar as crianças em processo de alfabetização, pois pode levá-las a relacionar a letra à palavra da imagem a ela vinculada (F de guarda-chuva, J de mangueira, por exemplo).

As letras e seus sons eram apresentados por meio de histórias da família que habitava a casinha feliz, criadas pelas autoras com o objetivo de introduzir as letras do alfabeto e os sons que elas representavam. Essas histórias estavam presentes no Livro do Professor. As letras correspondentes às consoantes eram tratadas como "ajudantes" e às vogais, como os "amiguinhos". A Fig. 18 apresenta uma parte da história da lição 5, na qual as letras Z, C, G, J, F e X eram apresentadas.

---

unidades sonoras em unidades gráficas, cuja aprendizagem é concebida como a aquisição de uma técnica; e a escrita concebida como um sistema de representação, cuja aprendizagem se converte na apropriação de um novo objeto de conhecimento, correspondendo a uma aprendizagem conceitual. Morais (2012) também faz uma distinção entre a escrita como código e como sistema notacional.

Figura 16 – Apresentação das 12 lições básicas da Cartilha *A Casinha Feliz*

PERÍODO DE INFORMAÇÃO

AS 12 LIÇÕES BÁSICAS

Lição 1 - As vogais e os ditongos
Lição 2 - Leitura e escrita de monossílabos com m n v d p
Lição 3 - Leitura e escrita de monossílabos com r s t b l
Lição 4 - Leitura e escrita de dissílabos
Lição 5 - Leitura e escrita de monossílabos e dissílabos com z c g j f x
Lição 6 - Leitura e escrita de monossílabos e dissílabos com h q, os dígrafos com h q
Lição 7 - Leitura e escrita de trissílabos
Lição 8 - A letra de imprensa
Lição 9 - Valores secundários das letras

9a — Valores do a
9c — Valores do c
9e — Valores do e
9g — Valores do g
9i — Valores do i
9l — Valores do l
9o — Valores do o
9r — Valores do r
9s — Valores do s
9u — Valores do u
9x/z — Valores do x e do z

Lição 10 - A ordem alfabética, os nomes das letras e os alfabetos maiúsculo e minúsculo de imprensa
Lição 11 - A letra cursiva
Lição 12 - Alfabetos maiúsculo e minúsculo cursivos, parágrafo e pontuação

Fonte: Meireles e Meireles (2000, p. 17, Livro do professor).

Figura 17 – Apresentação de algumas consoantes (ajudantes)

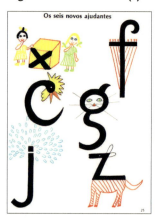

Fonte: Meireles e Meireles (2000, p. 25).

Figura 18 – Texto da Lição 5 da Cartilha *A Casinha Feliz*

Vovó veio conversar com o Zé, mas quase não podia ouvir o que ele dizia. É que a zebra, impaciente, zunia as patas no chão, querendo andar. O galo enorme cacarejava sem parar có có có... Finalmente a vovó entendeu que o Zé queria vender o galo. Mas a vovó foi logo dizendo que não queria, porque na Casinha Feliz já havia um. O Zé, desapontado, ficou olhando o seu galo, quando se ouviu a vozinha do neném imitando o galo bem baixinho: có có có.

A vovó então não resistiu mais e comprou o galo, para agradar o seu netinho... Mas logo depois se arrependeu.

O galo pintava o sete no galinheiro: dava corrida nas galinhas, dava corrida nos pintos, brigava com os frangos e fazia um barulho infernal cacarejando muito alto.

Vovó não teve dúvida, mandou o Vavá laçar o galo. O galo avançou para o Vavá e já ia lhe dar umas bicadas, quando afinal Vavá conseguiu prendê-lo. Vovó mandou matar o galo e fazer uma boa canja para o jantar.

Tudo parecia calmo, quando de repente se ouviu aquele barulhinho baixinho: có có có. Era a cabeça do galo que, sozinha, se movia pela casa cacarejando. Todos ficaram com medo a princípio, mas depois viram que o cocó não bicaria mais ninguém... Só era mágico, pois, sem corpo nem nada, só pescoço e cabeça, ele se mexia pela casa toda. As meninas ficaram admiradíssimas. Os amiguinhos ficavam parados olhando e o cocó vinha logo dar um abraço neles. O cocó dava abraço no *a o u*. No *e* e no *i* ele não conseguia. Os dois fugiam espavoridos, morrendo de medo...

Depois de muito pensar, o cocó achou um jeito de abraçar o *e* e o *i*: ele vinha bem de mansinho, fazendo o barulhinho da serpente, e os dois medrosos nem viam que era ele... Vevé e Vivi logo fizeram a descoberta: pra chegar perto do *e* e do *i* o cocó vira serpente.

Mas o cocó não parava de inventar travessuras. Sabem o que ele fez desta vez? Passou correndo e agarrou a serpente que estava distraída. Agarrou-a e saiu correndo, bem calado. Quem gritava era a serpente, cheia de raiva, pendurada no cocó: *ç*.

A estas alturas, a confusão na Casinha Feliz estava grande. Tão grande que a vovó já estava perdendo a calma. Para completar a bagunça, entrou um gato e pulou no meio da casa. Totó rapidamente fez seu papel de guarda: avançou no gato e mordeu-lhe uma orelha. O gato quis fugir, mas acabou ficando, apesar da raiva, como ajudante da Casinha. O gato era meio mal-humorado, mas no fundo era boa pessoa. Ele às vezes fazia um barulho muito esquisito na garganta: ga ga ga. O gato abraçava o *a o u*. Ele não era mágico, por isto não descobria um jeito de abraçar o *e* e o *i*.

As meninas ficaram tão agitadas com tudo o que aconteceu que para acalmá-las a vovó resolveu dar um banho frio nas duas. Os amiguinhos também estavam encalorados, e a vovó foi buscar a mangueira de jogar água nas plantas e lavar o carro. Vovó colocou a mangueira na bica e jogou um jato d'água no *a e i o u* e nas meninas. Depois disso, com a roupa molhada, só tiveram um jeito: secaram-se com o vento soprado pelo guarda-chuva que estava a um canto da sala. O guarda-chuva soprava fff.

A confusão, no entanto, continuava... A vovó então, muito zangada, foi pegar uma caixa grande com grade na frente. Era o xadrez... Quem continuasse atrapalhando os outros, ia para o xadrez. Vevé e Vivi mostravam a caixa, as duas também com medo de parar no xadrez, e pediam silêncio com o dedinho nos lábios, fazendo xxx.

Fonte: Meireles e Meireles (2000, p. 36, Livro do professor).

Figura 19 – Parte final do texto da Lição 5 da Cartilha *A Casinha Feliz*

Assim, quando se viu, havia seis novos ajudantes na Casinha Feliz: cocó, jato d'água, guarda-chuva, zebra, gato e xadrez. Com tanta gente nova e mais os antigos, não poderia deixar de haver uma grande alegria. Todos se abraçavam e formaram muitos abraços mágicos, como vocês podem ver nas páginas 26 e 27 da Cartilha.

Fonte: Meireles e Meireles (2000, p. 37, Livro do professor).

Nessa parte da história, a letra C aparece vinculada à figura de um galo (*cocó*) que pintava o sete e que foi parar na panela. A cabeça do galo,

no entanto, ficou "cacarejando pela casa". Aí ele abraçou os amiguinhos A, O e U (formando as sílabas CA, CO e CU), mas quando foi abraçar os amiguinhos E e I, precisou se transformar em uma serpente. Depois, ele agarrou a serpente que estava distraída para se transformar no Ç. Em seguida, apareceu o gato, que ao abraçar os amiguinhos E e I também fazia um som diferente. Enfim, em uma mesma página da história aparecem o galo que fazia os sons da letra C, o gato que fazia os sons da letra G, uma mangueira cujo jato d'água fazia o som da letra J, o guarda-chuva cujo vento fazia o som da letra F e o xadrez para introduzir a letra X. Observamos, portanto, uma ênfase em um ensino transmissivo das relações letra-som travestido de uma suposta ludicidade, uma vez que tais relações eram apresentadas por meio de narrativas artificiais que tentavam ser engraçadas. As crianças deveriam, então, memorizar os sons das letras e das sílabas, estas últimas tratadas como abraços mágicos entre os ajudantes (consoantes) e os amiguinhos (vogais). O último parágrafo da história de cada lição (Fig. 19) retoma as letras (ajudantes) que foram introduzidas e solicita que os alunos leiam, na cartilha, as páginas que mostram os abraços mágicos (sílabas) formados com essas letras (Fig. 20 e 21).

Figura 20 – Apresentação de abraços mágicos (sílabas) com as consoantes apresentadas na lição 5

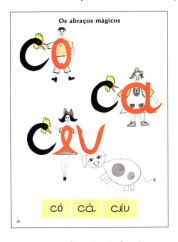

Fonte: Meireles e Meireles (2000, p. 26).

Figura 21 – Apresentação de abraços mágicos (sílabas) com as consoantes apresentadas na lição 5

Fonte: Meireles e Meireles (2000, p. 27).

Em cada lição, os alunos deveriam ler textos cartilhados que continham algumas palavras da história lida pela professora, principalmente as correspondentes aos personagens da cartilha e aos "novos ajudantes" introduzidos na lição. Tais textos apresentavam, também, os abraços mágicos entre os ajudantes (consoantes) e os amiguinhos (vogais). As Fig. 22 e 23 apresentam alguns dos textos da lição 5.

Figura 22 – Leitura de texto cartilhado   **Figura 23** – Leitura de texto cartilhado

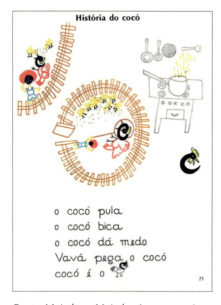 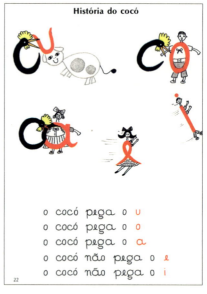

Fonte: Meireles e Meireles (2000, p. 21).   Fonte: Meireles e Meireles (2000, p. 22).

Ao analisarmos as atividades presentes no Caderno de Exercícios da cartilha, constatamos que o foco era na memorização dos fonemas e sílabas apresentados em cada lição, e na leitura, cópia e escrita de palavras (por meio de ditados) envolvendo os sons trabalhados. Não havia propostas que envolviam a análise fonológica de palavras com base em diferentes operações cognitivas (identificar, comparar, contar, produzir...), considerando diferentes unidades sonoras como sílabas, rimas e mesmo os fonemas. A seguir, apresentamos alguns exemplos de atividades da lição 5:

Figura 24 – Atividade de leitura de palavras por meio da junção de sílabas

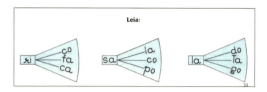

Leia:
ri
co
fa
ca
sa
la
co
po
la
do
ta
go
33

Fonte: Meireles e Meireles (2000, p. 33, Livro do professor).

Figura 25 – Atividade de leitura de palavras

Ligue os nomes aos desenhos:
pena
foca
bule
rio
faca
bolo
sino
lua
boca
carro
rua
remo
lobo
galo
vaca
jarro
boi
bode
gato
cama
café
caju
bica
copo
35

Fonte: Meireles e Meireles (2000, p. 35, Livro do professor).

Figura 26 – Atividade de leitura de palavras

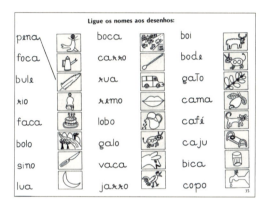

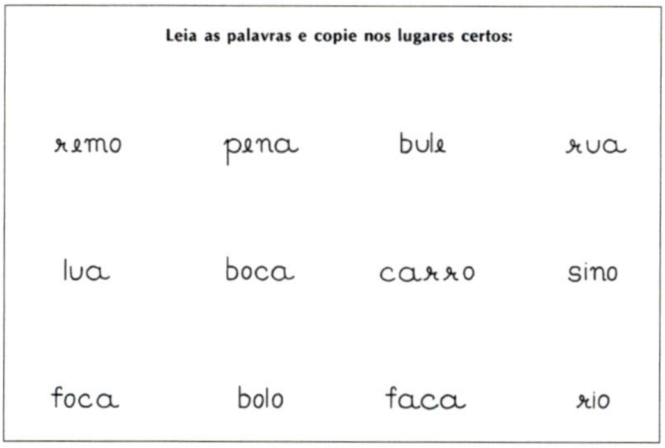

Leia as palavras e copie nos lugares certos:
remo
pena
bule
rua
lua
boca
carro
sino
foca
bolo
faca
rio

Fonte: Meireles e Meireles (2000, p. 36, Livro do professor).

Figura 27 – Atividade de cópia de palavras

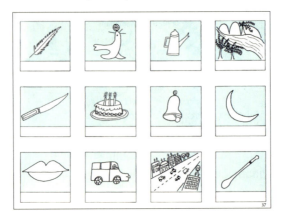

Fonte: Meireles e Meireles (2000, p. 37, Livro do professor).

A atividade da Fig. 24 solicita que os alunos leiam sílabas para formar palavras, sílabas estas ensinadas aos alunos nas lições anteriores (RI, SA, LA, PO, DO, TA) e na lição na qual a atividade está inserida (CO, FA, CA, GO). As atividades das Fig. 25, 26 e 27 solicitam que as crianças leiam e copiem palavras com os fonemas e sílabas trabalhados.

Assim, eu me alfabetizei ainda na pré-escola, inserida em uma rotina de tarefas mecânicas[7] e repetitivas, que envolviam o uso de uma cartilha baseada em um método fônico de alfabetização que, como as demais cartilhas de base sintética ou analítica, concebia a escrita como código e envolvia atividades que subestimavam a capacidade das crianças de pensar e refletir sobre a língua e de interagir com ela. Com isso, ingressei na 1ª série do ensino fundamental aos seis anos de idade, no Colégio Nossa Senhora do Carmo, onde minha mãe estudara.

---

[7] Consideramos, como Ferreiro e Teberosky (1984), "tarefas mecânicas" aquelas relacionadas à aquisição da técnica para a decodificação e codificação de palavras e textos, que focam na memorização de letras/fonemas e sílabas e no desenvolvimento de habilidades perceptivas e motoras.

Ao ingressar no novo colégio, eu e minha irmã ainda ficamos uma semana na turma da alfabetização, fazendo atividades de cobrir pontinhos e levar algo a algum lugar ou alguém, que eram as tais atividades de coordenação motora que eu já tinha feito nos dois anos de pré-escola. Ao perceberem que, de fato, já sabíamos ler e escrever, nos mudaram para a turma da 1ª série, provavelmente porque, na alfabetização, teríamos de fazer as mesmas atividades que todos os alunos que estavam aprendendo a ler e escrever e, para minha mãe, também professora, isso seria muito desinteressante para nós duas. Mais de trinta anos depois, ao orientar duas teses – Coutinho-Monnier (2009) e Moraes (2015) – que analisaram práticas de alfabetização com base no método fônico Alfa e Beto e as aprendizagens dos alunos/alunas em turmas do 1º ano de escolas públicas, constatamos, com tristeza, que as crianças que iniciaram o ano com hipóteses alfabéticas de escrita pouco evoluíram em seus conhecimentos e concluíram o ano sem conseguir produzir textos, ainda que pequenos.

Ao relembrar e, ao mesmo tempo, analisar meu processo de alfabetização, me coloquei a seguinte questão: eu aprendi a ler e escrever *com* o método fônico "Casinha Feliz" ou *apesar* do método "Casinha Feliz"? Pertencente a uma família de classe média, filha de mãe professora e pai bancário, inserida em um ambiente familiar em que a leitura se fazia presente de diferentes formas (gibis, livros, jornais, revistas...), posso afirmar que eu aprendi a ler *com* e *apesar* do método ao qual fui exposta na escola. Em nosso país, em geral e até hoje, crianças de meio social mais favorecido costumam se alfabetizar com ou sem métodos, na escola e/ou fora dela.

Nas décadas posteriores à que me alfabetizei, vivenciamos mudanças significativas nas concepções de alfabetização e nas práticas de ensino da leitura e da escrita[8] que justificam, como apontarei com

---

[8] Na área de alfabetização, além dos estudos sobre a psicogênese da língua escrita (FERREIRO; TEBEROSKY, 1984; FERREIRO, 1985), destacamos as pesquisas sobre consciência fonológica (CARRAHER; REGO, 1984; MORAIS, 1986) e os estudos sobre letramento (SOARES, 1998, 2004; TFOUNI, 1988; KLEIMAN, 1995).

base em pesquisas que desenvolvi e orientei, que o discurso saudosista daqueles que pedem o retorno à década de 1960 e 1970 não tem sustentação empírica. Infelizmente, tal discurso, que nunca deixou de existir, está bem presente na Política Nacional de Alfabetização (PNA), publicada no início do governo do presidente Jair Bolsonaro (BRASIL, 2019b). Tal política, com base no *Developing Early Literacy*, do National Early Literacy Panel, aponta que seis variáveis podem presumir fortemente o sucesso na alfabetização:

> **Conhecimento alfabético**: conhecimento do nome, das formas e dos sons das letras do alfabeto.
> **Consciência fonológica**: habilidade abrangente que inclui identificar e manipular intencionalmente unidades da linguagem oral, como palavras, sílabas, rimas e fonemas.
> **Nomeação automática rápida**: habilidade de nomear rapidamente uma sequência aleatória de letras ou dígitos.
> **Nomeação automática rápida de objetos ou cores**: habilidade de nomear rapidamente sequências de conjuntos de figuras de objetos (por exemplo, carro, árvore, casa, homem) ou cores.
> **Escrita ou escrita do nome**: habilidade de escrever, a pedido, letras isoladas ou o próprio nome.
> **Memória fonológica**: habilidade de se lembrar de uma informação dada oralmente por um período curto de tempo (BRASIL, 2019b, p. 30).

Ainda de acordo com a PNA, é recomendável que os conhecimentos e habilidades relacionados a essas variáveis sejam desenvolvidos na educação infantil, a fim de se garantir as condições mínimas para que "a alfabetização possa ocorrer com êxito no 1º ano do ensino fundamental (NATIONAL EARLY LITERACY PANEL, 2009)" (BRASIL, 2019b, p. 31). A PNA representa um retrocesso, sim, à década de 1970, ao período em que a chamada "pré-escola" passou a ser considerada como uma etapa de preparação das crianças para a alfabetização. Qualquer semelhança com o que eu e minha geração vivenciamos nesse período não é mera coincidência.

CAPÍTULO 2

ALFABETIZAÇÃO NA PERSPECTIVA DA PEDAGOGIA MONTESSORIANA

Neste capítulo, falarei sobre minha primeira experiência como docente, que aconteceu em uma escola privada que trabalhava com a pedagogia montessoriana. No final de 1985, momento em que concluía o 2º grau científico (atual ensino médio) e o curso de magistério, ambos no Colégio Maria Auxiliadora,[9] fui chamada para ensinar no Colégio Imaculado Coração de Maria,[10] em Olinda, em uma turma da educação infantil.

A princípio fiquei assustada e temerosa, uma vez que a formação para o magistério em nível técnico, de fato, não preparava uma pessoa para assumir uma sala de aula. Como havia feito, no segundo semestre do meu último ano, um curso de treinamento para professores no sistema montessoriano, promovido pela Organização Mundial para Educação Pré-Escolar (OMEP), resolvi aceitar o convite. Em dezembro, antes mesmo de ter a carteira de trabalho assinada, participei de algumas reuniões de planejamento para o ano seguinte.

Ser docente debutante na referida escola não foi difícil, afinal o planejamento se repetia a cada ano e o trabalho que tivemos nesses

---

[9] O Instituto Profissional Maria Auxiliadora foi fundado em 1946, no Recife, e pertence à Rede Salesiana de Escolas.

[10] O Colégio Imaculado Coração de Maria foi fundado em 1955, em Bairro Novo, Olinda, pelas Irmãs Beneditinas Missionárias, que já eram responsáveis por uma escola localizada no Sítio Histórico de Olinda, a Academia Santa Gertrudes.

encontros de planejamento foi o de copiar em papéis novos o que tinha sido desenvolvido naquele ano. O planejamento seria o mesmo para o próximo ano. No meu caso, que assumi junto com outra professora a turma do Jardim 1 (crianças de quatro anos), iríamos trabalhar com os mesmos materiais montessorianos e os mesmos conteúdos que vinham sendo contemplados nos anos anteriores. O trabalho pedagógico era organizado em cinco domínios: Psicomotor; Educação Artística; Matemática; Linguagem, Ciências Físicas e Biológicas e Integração Social; Sensorial e Educação dos Movimentos. A seguir, apresento (Fig. 28 a 31) a cópia de partes desse planejamento, com os objetivos gerais a serem atingidos em cada um dos referidos domínios e os conteúdos/materiais da área de linguagem:

Figura 28 – Planejamento Pedagógico do ano de 1986, turma Jardim 1, Colégio Imaculado Coração de Maria

PLANO DE CURSO

DADOS DE IDENTIFICAÇÃO

COLÉGIO : Colégio Imaculado Coração de Maria
LOCALIZAÇÃO : Rua Ambrósio de Barros Leite 501
SÉRIE : Jardim I
TURMA : D
TURNO : tarde
ÁREAS :
PROFESSORA(S): Eliana Albuquerque e Lúcia Maria
ANO : 1986

Fonte: Acervo pessoal.

Figura 29 – Planejamento Pedagógico do ano de 1986, turma Jardim 1, Colégio Imaculado Coração de Maria

OBJETIVOS GERAIS :

- Psico-motor - Desenvolver a coordenação dos movimentos, esquema corporal
- Educação artística - Desenvolver a criatividade
- Matemática
  - Enriquecer o vocabulário matemático através das noções
  - Desenvolver o pensamento lógico
- Linguagem, ciências físicas e biológicas e integração social
  - Desenvolver a linguagem escuta e articulada
  - adquirir conhecimentos do meu ambiente
- Sensorial
  - Desenvolver os sentidos permitindo a abstração dos conceitos exatos de formas, dimensões e cores
  - Desenvolver o raciocínio e a memória
  - Desenvolver a coordenação motora através do manejo dos materiais
- Educação dos movimentos
  - Desenvolver uma movimentação específica de higiene, desenvolvendo regras de cuidados pessoais e com o ambiente
  - Conhecer regras que são importantes, básicas nas relações sociais

Fonte: Acervo pessoal.

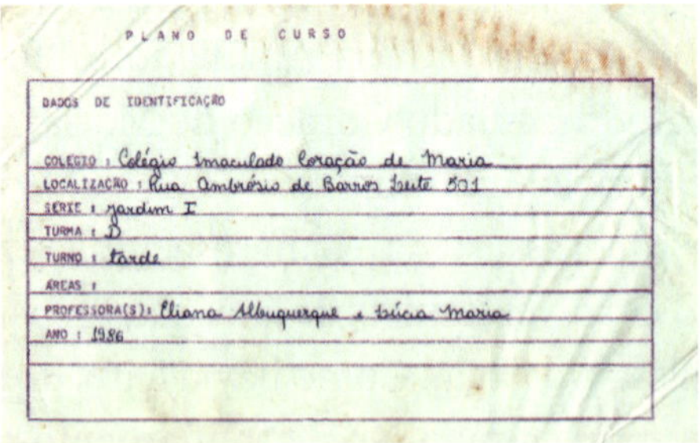

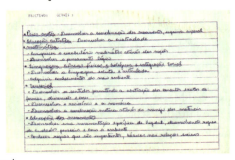

Figura 30 – Planejamento Pedagógico do ano de 1986, turma Jardim 1, Colégio Imaculado Coração de Maria

Fonte: Acervo pessoal.

Figura 31 – Planejamento Pedagógico do ano de 1986, turma Jardim 1, Colégio Imaculado Coração de Maria

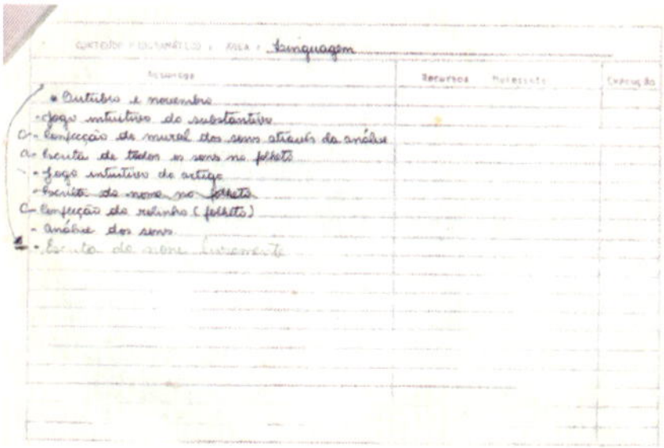

Fonte: Acervo pessoal.

O foco do ensino em linguagem, com base no método fônico de alfabetização, era na aprendizagem dos sons correspondentes às vogais, que deveriam ser apresentadas na seguinte ordem: A, I, U, E, O. No primeiro semestre, as três primeiras letras foram ensinadas, uma vez que se pressupunha, de forma equivocada, que elas possuíam apenas um som, sendo consideradas mais fáceis. Já as letras E e O eram trabalhadas como possuindo dois sons: um mais aberto, como o E de "elefante" e o O de "óculos", e outro mais fechado, como o E de "escova" e o O de "ovo". Não havia qualquer menção ao som nasal (A de "anel", I de "índio"...), nem ao fato de o E ter som de [i] em palavras como "esquilo" e o O ter som de [u] como em "bonito". O ensino consistia basicamente na apresentação da letra e de seu/seus som/sons e na escrita/cópia das letras ensinadas. Não havia as tradicionais atividades de cobrir letras, mas, no lugar delas, as crianças eram "treinadas" a fazer a movimentação "correta" em letras com lixa (Fig. 32), e deveriam escrever as letras imitando tal movimentação. O ensino da relação fonema-grafema se restringia, nesse ano escolar, às letras correspondentes às vogais e o aprendizado aconteceria por meio da repetição e memorização do que foi apresentado pela professora, em uma perspectiva associacionista de ensino-aprendizagem característica dos chamados métodos tradicionais (MORAIS; ALBUQUERQUE, 2005).

Figura 32 – Material montessoriano "letras de lixa"

Fonte: Loja on-line da Smirna Marcenaria.

Em relação às atividades de coordenação motora, no lugar das tarefas de cobrir pontinhos e de levar algo ou alguém para algum lugar, havia materiais montessorianos que promoveriam esse desenvolvimento. No caso da escrita fina, por exemplo, observa-se no planejamento que, nos três primeiros meses, havia a indicação da apresentação do "encaixe de ferro" (Fig. 33), que era um material que introduzia a criança ao uso do lápis de cor/lápis grafite. Antes da apresentação desse material, as crianças só poderiam escrever com lápis mais grosso, como o lápis de cera. Tal orientação era dada também aos pais, que deveriam evitar que seus filhos escrevessem com lápis grafite até que fossem orientados para tal uso. Havia, portanto, uma visão determinista de que primeiro a criança aprenderia a usar o lápis grafite na escola por meio desse material apresentado por um adulto, para só depois fazer uso dele em situações diversas (escolares e extraescolares), o que vai de encontro à concepção de criança como sujeito ativo, histórico e social, que se apropria das ferramentas culturais em diferentes contextos de interação.

Figura 33 – Material montessoriano (Encaixe de ferro) registrado na pesquisa desenvolvida na escola montessoriana de Lyon

Fonte: Acervo pessoal.

Minha primeira experiência como docente não foi, portanto, muito diferente da que eu vivenciei como aluna da pré-escola se considerarmos que, nas duas situações, o foco era no ensino da leitura e da escrita por meio de um método fônico de alfabetização. Os materiais e atividades eram diferentes, mas as bases epistemológicas eram as mesmas, focadas principalmente em uma concepção behaviorista/associacionista de ensino-aprendizagem que desconsidera o processo de construção dos conhecimentos pela criança, assim como sua inserção em um mundo letrado.

Quanto ao papel do professor, se nos métodos "tradicionais", anteriores a Maria Montessori, como os fônicos e silábicos, cabia ao docente seguir à risca as lições presentes nas cartilhas e avaliar se os alunos respondiam corretamente às questões presentes nas atividades, na pedagogia montessoriana o professor também precisava "ensinar" às crianças como elas deviam "trabalhar" com os diferentes materiais constitutivos de tal pedagogia e observar se eram capazes de usá-los da forma "correta". O professor também era/é, portanto, um "executor" do que foi previamente planejado por outros. As diferenças entre as práticas consideradas tradicionais, como a pela qual eu me alfabetizei, e a abordagem montessoriana parecem residir muito mais nos materiais e atividades propostos, na organização do trabalho pedagógico (tempo maior dedicado ao trabalho individual das crianças com os materiais montessorianos) e numa relação mais individualizada entre professor e aluno (LEROY; LESCOUARCH, 2018).

Recentemente (2018-2019), durante um estágio de pós-doutorado na França, e portanto mais de trinta anos depois da minha experiência como professora de uma escola que adotava a pedagogia montessoriana, tive a oportunidade de desenvolver uma pesquisa[11] em uma escola de educação infantil em Lyon que adotava essa abordagem.[12] Na França, as escolas alternativas privadas *hors contrat* (sem subvenção do governo), entre elas as montessorianas, têm crescido, assim como o estímulo ao uso dos materiais montessorianos na educação dos filhos pelas famílias. Em agosto de 2018, meu primeiro mês em Lyon, fiquei surpresa ao entrar em uma livraria e ver estantes repletas de livros e materiais disponíveis para venda, como mostram algumas fotos que tirei na época (Fig. 34 e 35).

---

[11] A pesquisa foi desenvolvida no âmbito do projeto Phénomènes de Déscolarisation (PHEDESCO), que é integrado ao laboratório Éducation, Cultures, Politiques (Université Lumière Lyon 2) e ao Laboratoire de L'Éducation (ENS Lyon). Tal projeto teve o objetivo de analisar, em contextos educacionais alternativos à norma escolar – como as escolas privadas Montessori *hors contrat* –, como os atores (professores, outros profissionais da escola e pais) lidam com as crianças.

[12] Essa pesquisa foi apresentada no Seminário do projeto PHEDESCO, realizado no dia 27/03/2019 no Institut Français de l'Éducation – École Normale Supérieure de Lyon (IFE-ENS), com o título: "Le travail pédagogique dans une École Montessori: qu'apprennent les enfants? Comment apprennent-ils?".

Figura 34 – Fotos de livros com referência a Montessori expostos em livraria em Lyon (2018)

Fonte: Acervo pessoal.

Figura 35 – Fotos de livros com referência a Montessori expostos em livraria em Lyon (2018)

Fonte: Acervo pessoal.

A escola onde fiz a pesquisa foi criada em 2016 e se apresentava como uma instituição que buscava fazer uma "aplicação fiel" da pedagogia Montessori. Havia apenas uma turma com 22 crianças, com idades entre três e seis anos, e duas professoras: uma bilíngue e outra que era, também, a diretora da escola. As duas docentes eram debutantes e faziam parte de um grupo de professores que viveram uma "reconversão profissional" (ROBERT; CARRAUD, 2018), uma vez que atuavam em outra área[13] e decidiram se dedicar à carreira do magistério, em pedagogias

---

[13] A professora e diretora da escola era formada em Direito e trabalhou durante quinze anos em uma empresa de seguros. A professora bilíngue era formada em Letras e tinha trabalhado durante oito anos em uma indústria farmacêutica.

consideradas "alternativas". Ambas optaram por fazer a formação de "Educadoras Montessori"[14] e, com essa formação e estágios realizados em escolas montessorianas, se tornaram professoras.

Como consta na proposta pedagógica da escola, as crianças realizavam, na maior parte do tempo, atividades que elas escolhiam ou que as professoras indicavam, entre aquelas disponíveis no ambiente escolar. Elas podiam trabalhar com um material montessoriano, realizar uma atividade de "vida prática" (aguar as plantas, organizar o ambiente...), pintar ou ler um livro. Essas atividades podiam ser realizadas individualmente, em duplas ou em pequenos grupos, desde que não perturbassem o ambiente. Durante a jornada escolar, as professoras escolhiam algumas crianças individualmente para apresentar um material ou fazer alguma atividade específica. As crianças, muitas vezes, faziam outros usos do material, gerando novas situações, e as professoras, quando percebiam, pediam para que fizessem o uso "correto" do material, da forma como elas tinham ensinado. Não havia, portanto, espaço para a criatividade e liberdade, nem para a interação entre as crianças que não estivessem restritas ao uso e manipulação dos materiais ou à realização de atividades anteriormente permitidas.

Em relação às atividades de leitura e escrita, havia uma pequena estante na sala com alguns poucos livros (Fig. 36) e as crianças tinham a liberdade de ler quando quisessem. Nós vimos, ao longo da semana, várias delas lendo e folheando livros. O acervo disponível nessa estante, no entanto, era bem reduzido. As professoras nos disseram que precisaram fazer essa redução porque as crianças deixavam de trabalhar com os materiais montessorianos por preferirem dedicar mais tempo à leitura dos livros literários presentes nesse cantinho. Com isso, para elas, o processo de avaliação das aprendizagens

---

[14] A professora e diretora da escola se formou no Institut Supérieur Maria Montessori de Nogent-sur-Marne, e fez seu estágio na Escola de Aplicação de Paris. Ela também participou da criação da Escola Montessori de Bergerac, antes de fundar sua própria escola. Já a professora bilíngue fez a formação em Toronto, no Canadá, por influência de uma amiga que era professora Montessori.

infantis ficava comprometido, já que, na abordagem montessoriana, tal avaliação deveria se relacionar ao "uso correto" de tais materiais.

Quanto à leitura de livros pelas professoras, essa atividade foi realizada em apenas dois momentos no final da jornada escolar, quando as crianças já estavam prontas esperando seus pais. A leitura de livros de literatura não era, portanto, uma prioridade na escola. Provavelmente, as crianças deviam ter essa vivência em casa, já que pertenciam a famílias socialmente privilegiadas.

Figura 36 – Registro de pesquisa: cantinho da leitura da escola montessoriana de Lyon

Fonte: Acervo pessoal.

No que se refere à alfabetização, observamos o uso de um material para trabalhar a consciência fonêmica: a caixa dos sons, que foi utilizada por três crianças ao longo da semana, a convite de uma das professoras. Duas delas já sabiam ler e escrever e a terceira ainda não sabia, mas tinha demonstrado interesse em ser apresentada a esse material, que era formado por uma caixa com alguns objetos pequenos dentro dela. A professora pedia para a criança escolher três objetos, e perguntava o nome deles. Em seguida, ela pegava um deles, pronunciava o nome destacando o fonema inicial e pedia para a criança dizer palavras que começavam com esse fonema. Em geral, a professora dizia algumas palavras, e pedia para a criança repetir tais palavras e dizer outras. Em sequência, a docente fazia a mesma coisa com os outros dois objetos. As crianças que já sabiam ler conseguiram fazer bem a atividade, mas na segunda vez que a professora chamou uma dessas crianças, ela não se interessou e começou a brincar com os objetos da caixa, sem responder ao que a professora demandava. Com isso, a docente mudou a atividade e pediu para a criança ler palavras escritas por ela em pedaços de papel, correspondentes a objetos da sala.[15] O que nos chamou a atenção, nessa situação, é que a atividade da "caixa de sons", que demandava a identificação oral de fonema inicial de uma palavra e a produção oral de palavras com esse fonema, era pouco desafiadora para uma criança que já sabia ler e escrever.

Além desse material, as professoras pediram para alguns alunos copiarem determinadas letras em seus cadernos, e usaram atividades em fichas, de outro método fônico – o ALPHA –, que envolvia a identificação de determinado fonema em palavras e cópia da letra correspondente ao fonema trabalhado. A inserção desse material foi outra situação que me chamou a atenção. As professoras disseram que não estavam conseguindo alfabetizar uma criança com os materiais e atividades do método Montessori, argumentando que ela não se interessava por eles. Então, por meio de colegas professoras,[16] conheceram o método ALPHA, que apresenta as letras e seus sons a partir de histórias/personagens e possui um conjunto de atividades que contemplam a relação som-grafia. De uma forma mais preceptoral (o trabalho individualizado é característico da pedagogia

---

[15] Essa atividade também era realizada por Maria Montessori na Maison des Enfants, como abordado no livro *Le Manuel pratique de la méthode Montessori* (2016).

[16] Segundo Chartier (1998), as trocas e interações com os pares correspondem a uma instância importante de formação continuada de professores. Em minha pesquisa de doutorado (ALBUQUERQUE, 2002) e em outras pesquisas que orientei (GAMA, 2014), observamos essa questão.

Montessori), as professoras conseguiram alfabetizar essa criança, usando o ALPHA.

Enfim, tomando a distinção que Anne-Marie Chartier (2000b) faz entre inovação teórica e inovação pedagógica, considero que a pedagogia montessoriana trouxe inovações pedagógicas importantes, relacionadas, por exemplo, à organização da escola e das turmas (crianças com idades variadas em uma mesma turma) e ao uso de materiais pedagógicos diversos, mas o trabalho com a leitura e a escrita, na escola onde fiz a pesquisa em Lyon, parece desconsiderar as inovações teóricas produzidas nas últimas décadas, como também as orientações oficiais da França para a educação infantil.

Na França, o "Programme d'enseignement de l'école maternelle", publicado no *Bulletin officiel spécial n.° 2 du 26 mars 2015*, no que se refere à linguagem escrita, propõe, como objetivos, que as crianças possam compreender textos escritos lidos para elas (textos literários e de outros gêneros); descobrir as funções da escrita; começar a produzir textos escritos com a ajuda de um adulto; descobrir o princípio alfabético e começar a escrever com autonomia. Em relação à descoberta do princípio alfabético, o que se espera é que as crianças compreendam que a escrita codifica os sons das palavras, e não os seus significados, sem que, para isso, seja necessário o ensino sistemático das relações entre formas orais e escritas.

Percebemos que as aprendizagens visadas na escola campo da nossa pesquisa parecem se relacionar mais a comportamentos (desenvolvimento da atenção, da concentração, da disciplina e da organização do ambiente) do que ao desenvolvimento de conhecimentos diversos e da criatividade. De forma muito semelhante à minha experiência como professora há mais de trinta anos, o papel do aluno consistia em saber utilizar o material em função do que a professora ensinava, em uma perspectiva, portanto, também behaviorista/associacionista de ensino-aprendizagem, que desconsidera os conhecimentos que essas crianças já possuem e suas possibilidades de aprender e criar em interação com os colegas e professoras. Além disso, muitas das aprendizagens visadas nos materiais montessorianos já eram dominadas pelas crianças, que estão inseridas em contextos com estímulos diversos. Elas tentavam, de diferentes formas, dar novos significados aos materiais, mas eram tolhidas pelas docentes. Houve uma situação, por exemplo, em que três crianças brincavam com uma caixa de figuras geométricas, rompendo com o objetivo do material que era o de encontrar os pares de figuras iguais passando o dedo em bordas com lixas. Elas estavam criando uma história de um barco com um navegador, usando as figuras do material, e se divertiam muito. Quando uma das professoras viu, interrompeu a atividade, sentou-se perto do aluno que tinha pegado o material e mostrou como ele deveria usá-lo. Assim que a professora saiu, a criança transformou as figuras em pedaços de pizza e passou a oferecê-las a alguns colegas que estavam próximos a ela. Na minha curta experiência como professora "montessoriana", também corrigi muito os usos "incorretos" que as crianças faziam dos materiais.

CAPÍTULO 3

ALFABETIZAÇÃO SEM MÉTODOS? O ENSINO DA LEITURA E DA ESCRITA NO CICLO BÁSICO DE ALFABETIZAÇÃO NO RECIFE

Dando continuidade ao relato das minhas experiências como professora, em 1987, com dezoito anos de idade e apenas um ano de exercício na docência, ingressei na rede pública de ensino como professora alfabetizadora em uma turma de 1ª série da Secretaria de Educação da cidade do Recife, na escola Sede da Sabedoria, localizada em Santo Amaro, bairro localizado na área central da cidade. A comunidade onde a escola estava inserida, denominada Ilha de Santa Terezinha, era muito carente, tinha problemas sérios de saneamento básico e elevado índice de desemprego e violência. Boa parte dos familiares dos alunos trabalhava como catadores de lixo. A turma tinha cerca de trinta alunos, alguns repetentes, com faixa etária variando de sete a catorze anos.

Se no meu primeiro ano de trabalho o planejamento já estava pronto e a prática pedagógica tinha como foco a apresentação e o uso dos materiais montessorianos, nessa nova experiência não havia planejamento pronto, nem livros didáticos, nem mesmo material escolar suficiente para os alunos usarem. Naquela época, o PNLD, criado em 1985 (Decreto-Lei n.º 91.542), era responsável pela compra e distribuição de livros didáticos para as escolas públicas, incluindo as turmas de 1ª e 2ª séries. Os livros de alfabetização que chegavam nas escolas, no entanto, eram as cartilhas que se baseavam em métodos sintéticos ou analíticos, que nessa época começavam a ser muito criticadas por estarem vinculadas a práticas "tradicionais", com ênfase no ensino da codificação e decodificação, por meio de textos artificiais, criados para se ensinar a ler e a escrever. Assim, os livros que chegavam na escola, como a cartilha *Pipoca*,[17] não eram distribuídos aos alunos, e nós os usávamos, principalmente, para recortar figuras e produzir atividades/jogos.

A década de 1980 foi um momento de mudanças significativas tanto no campo social e político do país (com a abertura política e o fim do período da ditadura militar) como no da educação. No meu primeiro ano como aluna de Pedagogia da UFPE, em 1986, ainda sem poder votar por causa da idade, participei da campanha de Miguel Arraes como governador do nosso estado e, ainda hoje, ao escutar o frevo de rua "*Fogão*", de Sérgio Lisboa, sempre o associo à campanha: "O povo quer, aquele que fez mais, Arraes, Arraes Arraes, em 86 só vai dar Arraes". Foi nesse contexto de mudanças que, no ano seguinte, ingressei como professora na rede municipal de ensino do Recife, na gestão do então prefeito, eleito em 1985, Jarbas Vasconcelos, que tinha como Secretária de Educação a professora Edla Soares, da Universidade Federal de Pernambuco.

Na primeira metade da década de 1980, no contexto de redemocratização nacional e com o objetivo de diminuir o fracasso escolar que se materializava nos altos índices de reprovação da 1ª para a 2ª série do primeiro grau, alguns municípios e estados do Brasil, como São Paulo, Minas Gerais e Rio Grande do Sul, implantaram o Ciclo Básico de Alfabetização (CBA). No caso específico do Recife, o CBA foi implantado em 1986 e durou até o fim da gestão do prefeito Jarbas Vasconcelos, em 1988. A proposta do ciclo, naquele momento, era focada, por um lado, na ampliação do processo de alfabetização dos

---

[17] A cartilha *Pipoca: método lúdico de alfabetização*, de Paulo Nunes de Almeida, foi um dos livros analisados na pesquisa que relatamos no Capítulo 1, cujos resultados foram publicados em capítulo de livro (MORAIS; ALBUQUERQUE, 2005).

alunos, que passou a envolver as duas primeiras séries do ensino fundamental[18] (1ª e 2ª séries) e, por outro, na formação continuada dos professores, com encontros que aconteciam semanalmente no primeiro ano do projeto, quinzenalmente no segundo ano e mensalmente no último ano, aos sábados.[19]

> O Ciclo de Alfabetização consistia em uma proposta de simultaneamente alfabetizar os estudantes e promover a formação continuada dos professores. Garantir não só a permanência da criança na escola, mas oferecer-lhe um ensino de qualidade, proporcionar-lhe compreender, interpretar e transformar a realidade em que vivia. Para tanto, era necessário que o educando se apropriasse da leitura e da escrita. Não haveria preocupação com a seriação, pois o processo se daria em dois anos. A alfabetização compreendia o estudo de Língua Portuguesa, Matemática, Artes, Ciências, Estudos Sociais, Educação Física, e Programa de Saúde, tudo trabalhado de forma integrada. Ao final do segundo ano do ciclo, a criança ingressaria na terceira série. [...] O Ciclo de Alfabetização foi implantado em 111 escolas e ampliou a jornada escolar para 5 horas. Os professores alfabetizadores participavam de formação em serviço. A formação continuada se dava em dois níveis: a formação de um grupo de 23 assessores, especialistas nas diferentes áreas do conhecimento, que instrumentalizava os instrutores, através de encontros de estudo e produção de textos e atividades didáticas e, a atuação do grupo de instrutores (supervisores ou coordenadores) em reunião com os professores ou através de acompanhamento às escolas. [...] Os professores tinham reuniões sistemáticas de estudo com os assessores das diferentes áreas do conhecimento, para melhor desenvolvimento da sua prática pedagógica. Com a mudança de governo em 1989, a política educacional mudou

---

[18] Apenas em 2001, a Secretaria de Educação da cidade do Recife implantou o ensino fundamental de nove anos, juntamente com os ciclos de aprendizagem no ensino fundamental (RECIFE, 2003).

[19] Os encontros de formação aos sábados tinham a duração de cinco horas e eram remunerados com horas extras.

de rota. Ocorreu a implantação de um programa de avaliação de desempenho da Rede (RECIFE, 2014, p. 23-24).

Como professora da 1ª série (1º ano do ciclo de alfabetização), participava dos encontros quinzenais de formação continuada dos professores. A formação era coordenada pelos assessores de cada área (no caso de Língua Portuguesa, os assessores eram Artur Gomes de Morais e Noêmia de Carvalho Lima) e ministrada pelo grupo de instrutores que foi selecionado para trabalhar na formação e acompanhamento dos docentes. Foi a partir dessa formação, e das aulas no curso de Pedagogia, que me apropriei das pesquisas sobre a psicogênese da língua escrita, realizadas por Ferreiro e Teberosky, e passei a vivenciar com meus alunos o que lia/discutia nas minhas experiências de formação (inicial e continuada).

Como docente de turmas muito heterogêneas, com alunos de idades variadas, comecei a realizar meu trabalho de ensino da leitura e da escrita com base na perspectiva socioconstrutivista e interacionista, apoiando-me em pesquisadores da área da Psicologia como Piaget e Vygotsky e, no que se refere à alfabetização, em Ferreiro e Teberosky, e algumas professoras/pesquisadoras do mestrado em Psicologia Cognitiva da UFPE, como Terezinha Carraher e Lúcia Browne do Rego.

Nos encontros de formação do ciclo de alfabetização, aprendi a ensinar a partir de "textos coletivos", produzidos por um grupo de alunos, sobre uma temática de interesse deles, e copiados por mim no quadro. O primeiro funcionou muito bem. Foi no dia seguinte a uma "batida da polícia" na favela. Houve tiroteio e o pai de um aluno foi morto. As crianças só falavam disso na sala. Aproveitei e sugeri que relatassem, por escrito, esse acontecimento. E fizemos um texto coletivo. Alguns alunos copiaram o texto e outros fizeram desenhos.

Para a escrita do memorial, ao me debruçar sobre alguns materiais que havia guardado desse período, encontrei algumas produções de alunos, entre elas um texto coletivo que fizemos sobre o que eles queriam que melhorasse na escola, parte de uma experiência de elaboração de um "jornal escolar". A seguir, apresento como o texto foi copiado por dois alunos:

Figura 37 – Atividade de cópia de texto (produzido coletivamente) realizada por uma estudante (Cleonia)

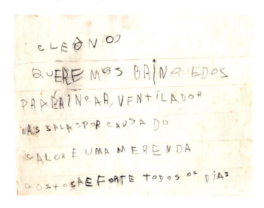

Fonte: Acervo pessoal.

Figura 38 – Atividade de cópia de texto (produzido coletivamente) realizada por um estudante (André)

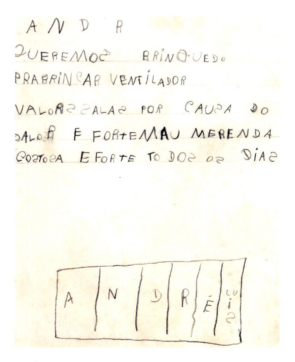

Fonte: Acervo pessoal.

É interessante observar que, mesmo se tratando de uma atividade de cópia, considerada muitas vezes como algo fácil e mecânico, o texto da Fig. 37 apresenta alguns problemas de segmentação de palavras, enquanto o texto da Fig. 38 possui erros, como a falta do S na palavra "brinquedo", o S escrito de forma espelhada, palavras com excesso ou falta de letras ou mesmo inversão delas, como a escrita da palavra "uma" ("mau"). O nome do aluno escrito na atividade da Fig. 38 – segmentando a palavra em letras – pode indicar que esse tipo de atividade era frequente em minha prática de ensino. Abordarei essa questão quando apresentar as atividades de apropriação da escrita alfabética sugeridas nas formações do ciclo, que eram por mim desenvolvidas.

Ainda no que se refere às atividades de produção de textos, muito enfatizadas naquele momento de mudança paradigmática no que se refere às práticas de ensino da língua escrita, além dos textos coletivos, que eram a "febre" do momento, propostas de produção de textos correspondentes a relatos de experiência ou a recontos de uma história lida/ouvida também eram sugeridas. Trabalhar com foco nos usos e funções da língua escrita era o que era prescrito nas formações e textos que recebíamos, e tentávamos pôr em prática tais recomendações.[20] Assim, incentivávamos os alunos a escreverem sobre suas vivências do dia a dia. Encontrei, entre o material que havia guardado, textos que falavam do carnaval, produzidos por alunos da 2ª série de uma turma que eu acompanhei desde o ano anterior:

---

[20] Os assessores de Língua Portuguesa do ciclo de alfabetização, Artur Gomes de Morais e Noêmia de Carvalho Lima, produziram vários textos destinados às professoras e professores do ciclo. Alguns tratavam da importância de se trabalhar na perspectiva dos usos e funções da língua escrita, com atividades de leitura e produção de textos, como os seguintes: "Concepção e prática do ensino da Língua Portuguesa no ciclo de alfabetização: alguns pontos para reflexão"; "Usos sociais da leitura e escrita: produzindo textos escritos na sala de aula"; "Usos sociais da leitura e escrita: explorando rótulos na sala de aula"; "Usos sociais da leitura e escrita: explorando livros de histórias na sala de aula"; "A escola e os usos sociais da leitura e da escrita: recuperando o significado de ler e escrever na sala de aula".

Figura 39 – Texto sobre o carnaval produzido pelo estudante André: "No carnaval eu danei lama no carro preto de 4 portas"

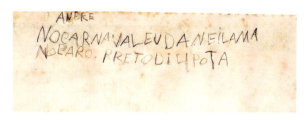

Fonte: Acervo pessoal.

Figura 40 – Texto sobre o carnaval produzido pelo estudante Daniel: "No carnaval eu fui pra Avenida Norte só e fiquei na minha casa" Daniel.

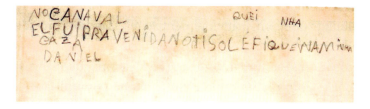

Fonte: Acervo pessoal.

Figura 41 – Texto sobre o carnaval produzido pela estudante Ester: "No carnaval eu fiquei dentro de casa assistindo televisão" Ester Correia

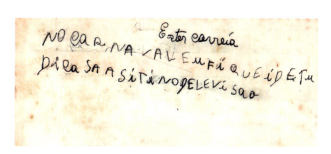

Fonte: Acervo pessoal.

Figura 42 – Texto sobre o carnaval produzido por um estudante: "No carnaval eu fui pra praia e eu fui pra Avenida Norte"

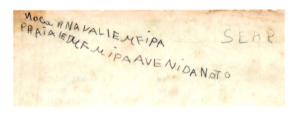

Fonte: Acervo pessoal.

Nas orientações para a produção individual de textos, falávamos, seguindo as orientações recebidas/lidas, que cada aluno deveria escrever "como soubesse" e, por meio da escrita espontânea deles, conseguíamos avaliar em qual hipótese de escrita estavam, de acordo com a teoria da *psicogênese da língua escrita*.[21] Havia a possibilidade também, principalmente em relação aos pré-silábicos, de produzirem seus textos por meio de desenhos. Nessas situações, nós (professoras) assumíamos o papel de "escriba" de suas histórias/produções. Como havia muita violência na comunidade, alguns textos/desenhos que os alunos produziram demonstravam esse contexto, como os apresentados a seguir.

A violência materializada de diferentes formas fazia parte (e ainda faz!) do cotidiano de muitas crianças de escolas públicas do país. Trabalhávamos com foco na realidade dos alunos (essa era a orientação do ciclo), uma realidade muito dura, que eles expressavam em suas produções: alcoolismo, acidentes, fome, "batidas policiais" que terminavam em tiroteio e mortes de pessoas próximas a eles. Havia ainda a violência institucional, uma vez que as condições oferecidas pela própria escola deixavam muito a desejar.

---

[21] Entre os textos produzidos pelos assessores de Língua Portuguesa, alguns abordavam a teoria de psicogênese da língua escrita e propunham atividades voltadas para a apropriação da escrita alfabética, como o texto: "Concepção e prática do ensino da Língua Portuguesa no ciclo de alfabetização: alguns pontos para reflexão".

Figura 43 – Texto produzido por uma estudante (Edilene)

Fonte: Acervo pessoal.

Figura 44 – Texto produzido por um estudante

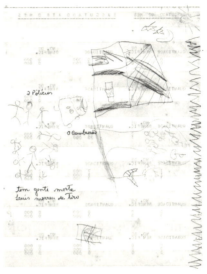

Fonte: Acervo pessoal.

Figura 45 – Texto produzido por uma estudante (Wilma)

Fonte: Acervo pessoal.

Figura 46 – Texto produzido por um estudante

Fonte: Acervo pessoal.

A falta do lanche, por exemplo, levou os alunos a reivindicarem uma merenda "gostosa e forte todos os dias" (ver Fig. 37 e 38); algumas salas de aula não tinham ventilador; havia uma escassez de material escolar (lápis, papel, caderno...), o que restringia nossas possibilidades de trabalho. Como não havia, por exemplo, papel em quantidade suficiente para todas as turmas usarem ao longo do ano, nós reutilizávamos folhas usadas de impressora do tipo "matricial", que eu conseguia que nos fossem doadas pela empresa em que meu pai trabalhava. Algumas das atividades apresentadas nesse texto foram feitas nesse tipo de papel (ver, como exemplo, Fig. 44, 45 e 46). Também conseguíamos, por meio de colegas que trabalhavam em escolas da rede privada, doação de lápis de cor e de cera usados que seriam descartados, já que nessas escolas, principalmente na educação infantil, os materiais eram de uso coletivo e, com certa frequência, havia a troca/reposição deles.

O ciclo de alfabetização da Rede Municipal do Recife, baseando-se nas ideias de Paulo Freire, tinha como objetivo a formação das crianças da classe popular na sua necessidade de se capacitar e transformar o mundo. Considerava, portanto, que "a leitura do mundo" deveria caminhar junto com a leitura e escrita de palavras, frases e textos. Assim, em relação à leitura, líamos os textos produzidos pelos assessores para o ciclo de alfabetização,[22] cujo foco era na realidade dos alunos e no trabalho de conscientização, assim como livros de

---

[22] Os assessores das diferentes áreas do conhecimento produziram um conjunto de textos para serem trabalhados em sala de aula com o objetivo de discutir sobre as condições de vida dos alunos na perspectiva de conscientizá-los, como também de contemplar os diferentes usos e funções da escrita. O material intitulado *A escola e os usos sociais da leitura e da escrita: explorando cartas, anúncios, cadernetas, bilhetes e cartazes na sala de aula*, produzido pelos assessores Noêmia de Carvalho Lima, Artur Gomes de Morais (ambos da área de Língua Portuguesa) e Flávio Henrique Albert Brayner (da área de Estudos Sociais), contempla, por exemplo, um texto sobre "A vida de Maria", mulher trabalhadora, casada e com seis filhos, cujo marido, seu Pedro, estava desempregado e decidiu procurar trabalho em São Paulo, como também uma carta produzida por Seu Pedro para Maria.

literatura do acervo dos professores e da escola, que extrapolavam esse contexto tão duro em que as crianças viviam. Nos anos de 1986 e 1987, a Rede Municipal do Recife distribuiu livros de literatura infantil para as escolas, assim como o Ministério da Educação, no âmbito do Programa Nacional Salas de Leitura (PNSL), criado em 1984 e extinto em 1996. Com a chegada dos livros, eu e minhas colegas professoras do ciclo conseguimos uma sala na Associação de Moradores da Comunidade, localizada em frente à escola, e organizamos uma biblioteca. Em geral, depois da leitura e da discussão de um texto, trabalhávamos algumas palavras e fazíamos atividades de "análise fonológica", sobre as quais falarei mais adiante. Os alunos também eram incentivados a escrever textos relacionados às histórias lidas, como o da Fig. 47, produzido por uma aluna após a leitura do livro *O Peixe Pixote*, de Sônia Junqueira. Ela escreveu da forma como sabia e depois leu para mim o que havia escrito.

Figura 47 – Texto produzido por uma estudante (Edilene)

Fonte: Acervo pessoal.

Ao mesmo tempo em que focávamos nosso trabalho na leitura e produção de textos, em uma época em que a discussão sobre a relação entre alfabetização e letramento era muito incipiente, também desenvolvíamos atividades voltadas à alfabetização dos alunos, que possibilitassem que eles avançassem em suas hipóteses de escrita. Sabíamos avaliar, com base na *psicogênese da escrita*, as hipóteses de escrita dos alunos e fazíamos atividades diversas que trabalhavam com as palavras, como as que envolviam aliteração e rimas, contagem de letras e sílabas, e leitura e escrita espontânea de palavras. Encontrei, entre os materiais que havia guardado, apenas uma atividade "mimeografada" que envolvia o trabalho no eixo da apropriação da escrita alfabética (Fig. 48), assim como um modelo de planejamento semanal (Fig. 49), que indica a necessidade de organizarmos, ao longo de uma semana, as atividades de *leitura*, de *produção de textos* (coletiva e individual) e de *análise fonológica*.

Figura 48 – Atividade de apropriação da escrita alfabética em ficha

Fonte: Acervo pessoal.

Figura 49 – Modelo de planejamento semanal (1987)

1º e 2º semestre Escola__________

Professora __________ Instrutora__________

ATIVIDADE / DIA DA SEMANA	S	T	Q	Q	S
I RECANTO DE LEITURA					
Escrita					
A. Produção coletiva					
1. Comentarios (sobre acontecimentos etc)					
2. Relatos de entrevistas, visitas etc					
3. Textos coletivos					
4. Reproduçao de historias lidas					
5. Outras					
B. Produção individual					
1. Histories a partir de desenhos					
Outras:					
Leitura					
C . Material escrito em sala (itens A e B)					
D . Livros					
E . Revistas					
F . Jornais					
. Outros					
II ANÁLISE FONOLÓGICA					
G . Contagem do numero de silabas					
H . Comparaçao de palavras quanto:					
1. ao tamanho					
2. à semelhança sonora					
III VOGAIS					
I - Análise fonologica					
J - Aprendizagem das correspondencias som/grafia					
L - Leitura					
M - Escrita					
IV OUTRAS					

FUNDAÇÃO GUARARAPES
CEDESPE / DSE
CICLO DE ALFABETIZAÇÃO

CICLO 003.01/01

Fonte: Acervo pessoal.

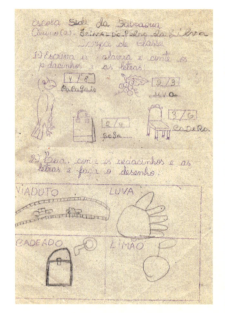

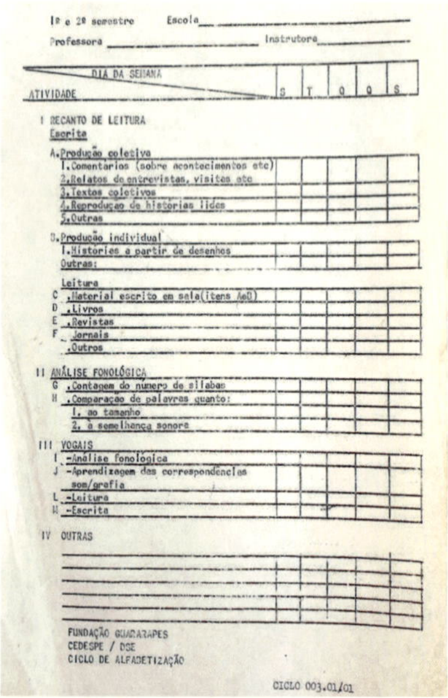

Além de atividades orais e escritas que envolviam a exploração de palavras, como a da Fig. 48 (a primeira atividade propõe a contagem de sílabas e letras e a escrita de palavras), também confeccionávamos jogos para as crianças brincarem em diferentes momentos da jornada escolar. Elas podiam pegar um jogo ou um livro quando terminavam uma atividade, e havia momentos em que, reunidas em grupos, trabalhavam com jogos tanto da área de linguagem, como de matemática. A seguir apresento dois jogos elaborados por mim, naquela época, que também encontrei entre os materiais que guardei:

Figura 50 – Jogo de leitura de palavras com apoio de gravuras

Fonte: Acervo pessoal.

Figura 51 – Jogo de escrita de palavras com apoio de gravura

Fonte: Acervo pessoal.

53

Assim, como professoras do Ciclo Básico de Alfabetização, tentávamos construir, de forma coletiva, com a participação da universidade (já que os assessores contratados eram professores e/ou pesquisadores que haviam concluído um curso de pós-graduação), práticas de alfabetização que estavam próximas das abordagens teóricas difundidas na época que, no caso da alfabetização, correspondiam à teoria da *psicogênese da língua escrita*, aos trabalhos que enfatizavam a importância dos usos e funções da escrita e aqueles que defendiam a importância do desenvolvimento de atividades fonológicas no processo de apropriação da escrita alfabética.

No caso específico dos estudos envolvendo a discussão entre alfabetização e consciência fonológica, pode-se perceber a influência das pesquisas desenvolvidas no mestrado em Psicologia da UFPE (CARRAHER; REGO, 1984; MORAIS, 1986; MORAIS; LIMA, 1989). Assim, a experiência do Ciclo Básico de Alfabetização em Recife, fundamentada nas três abordagens mencionadas no parágrafo anterior, parece ter sido ímpar no Brasil naquele momento.

Foram cinco anos como professora de alfabetização na Escola Sede da Sabedoria. Aprendi muito. Trabalhava em conjunto com as outras professoras do ciclo de alfabetização da referida escola, o que correspondia a uma importante instância de formação continuada (CHARTIER, 2000a; ALBUQUERQUE, 2002; GAMA, 2014). Também sofri e me angustiei demasiadamente. Posso dizer que conhecia cada aluno e sabia em que fase do desenvolvimento da escrita estavam. Propunha atividades que os ajudassem a passar de uma fase para outra e acreditava em um discurso também bastante difundido de que "a gente só aprende a ler, lendo, e a escrever, escrevendo". Como tive muitos alunos repetentes, no início era difícil fazer esses alunos acreditarem em si mesmos. Eles estavam sempre prontos a copiar o que eu escrevesse no quadro. Não reclamavam quando solicitava que copiassem o texto coletivo produzido por todos, mas quando pedia que escrevessem seus próprios textos, o trabalho era mais difícil. Esse foi o caso de Irinaldo, um aluno de onze anos, repetente, que conseguia copiar tudo do quadro, mas não sabia ler e escrever. Ele era participativo, mas quando a atividade solicitava que ele escrevesse "como soubesse", de início ele dizia que não sabia e era preciso que eu o acompanhasse para que ele escrevesse seu texto. Em alguns momentos, ele usava desenhos para se expressar, embora já conhecesse as letras (Fig. 52). No segundo semestre ele estava alfabético, escrevendo pequenos textos, como pode ser observado nas Fig. 53 e 54.

Figura 52 – Texto produzido pelo estudante Irinaldo

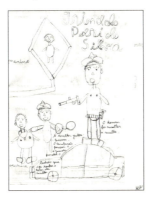

Fonte: Acervo pessoal.

Figura 53 – Texto produzido pelo estudante Irinaldo "Férias Eu fui para cachoeira, para casa da minha vovó" Irinaldo

Fonte: Acervo pessoal.

Figura 54 – Texto produzido pelo estudante Irinaldo

Fonte: Acervo pessoal.

Quando os alunos conseguiam produzir textos, ainda que pequenos, com problemas de segmentação e com muitos erros de troca de letras/ortografia, ficávamos muito felizes. Acho que foi por isso que guardei, dessa época, algumas das produções dos meus alunos. Era um momento em que não se discutia ainda a importância do letramento ou de "alfabetizar letrando", mas, ao longo do curso de Pedagogia e da formação continuada proporcionada pelo ciclo de alfabetização, internalizamos e compreendemos a importância de considerarmos os usos e funções da língua escrita, ao mesmo tempo em que fazíamos atividades fonológicas para que os alunos se alfabetizassem. Com isso, abandonamos as "tradicionais cartilhas" e os pseudotextos, buscamos construir uma rotina de trabalho em que líamos diariamente algum texto para nossos alunos e, com certa frequência, realizávamos alguma produção de texto coletivo ou individual.

Mas, como muito bem colocou Anne-Marie Chartier (1998), a prática docente é alimentada por uma *coerência pragmática*, e não por uma *coerência teórica* como esperam os pesquisadores que nela adentram para fazerem suas pesquisas. Assim, se das cartilhas utilizávamos apenas as figuras para elaborarmos nossas atividades que envolviam reflexão fonológica, como já apontado anteriormente, não abandonamos completamente o trabalho com as tão conhecidas "famílias silábicas". Sim, eu e minhas colegas de trabalho tínhamos cartazes colados nas paredes das salas com as tais famílias, que eram, para nós, um dispositivo[23] que podia ajudar os alunos em suas leituras e escritas. De vez em quando a supervisora entrava em minha sala e fazia uma cara não muito amigável quando olhava para esses cartazes. Ela não entendia por que eu ainda continuava presa ao "método silábico de alfabetização". O que eu tentava fazer, no meu cotidiano, para alfabetizar meus alunos não interessava. O que ela via era mais do que suficiente para eu ser considerada uma professora "tradicional" e "resistente ao novo".

Acredito que foi daí que surgiu meu interesse em pesquisar: (1) os processos de apropriação de professores das prescrições oficiais

---

[23] Sobre a noção de dispositivo, ver Chartier (2002).

para o ensino da leitura e da escrita (objeto da minha tese de doutorado) e (2) a construção/fabricação de práticas de alfabetização por professores da educação infantil, anos iniciais do ensino fundamental e da EJA (desenvolvi e orientei várias pesquisas com essa temática, como será descrito no Capítulo 5).

A professora Magda Soares, no discurso que proferiu ao receber o Prêmio Almirante Álvaro Alberto para a Ciência e a Tecnologia 2015, na área de Ciências Humanas e Sociais, Letras e Artes, destacou, com base em uma frase de José Saramago ("Tudo no mundo está dando respostas, o que demora é o tempo das perguntas"), que

> Respostas estão no mundo da educação à espera das perguntas do pesquisador. Temos, nós os pesquisadores, de responder ao apelo por compreensão: apreender as respostas que o mundo está dando, e formular as perguntas que se escondem sob essas respostas, em busca de compreensão – o caminho é a pesquisa.

Como muito bem ressaltou a professora Magda, cabe a nós, professores e professoras pesquisadores e pesquisadoras, no lugar de fazermos julgamentos, "compreender, buscar os porquês, as causas das perguntas que o mundo da educação nos está propondo" para, em seguida, agir para transformar.

Como professora pesquisadora da área de alfabetização, desenvolvi e orientei pesquisas que buscaram compreender algumas das respostas relacionadas ao ensino-aprendizado da leitura e da escrita realizado principalmente em escolas públicas do nosso país. Apesar das críticas aos métodos tradicionais de alfabetização e da mudança paradigmática relacionada ao ensino da leitura e da escrita, continuamos a conviver com o fenômeno do fracasso escolar vinculado aos alunos da escola pública. Entender esse fracasso é uma das respostas que precisavam de perguntas.

Soares (2004), em seu segundo artigo sobre as muitas facetas da alfabetização, comenta que os problemas que vivenciávamos então (e hoje!), relativos à alfabetização, podem estar relacionados, entre outras coisas, a uma perda de especificidade do processo de alfabetização vivenciado nas duas últimas décadas, relacionada ao que ela chamou de "desinvenção da alfabetização". Para a referida autora, esse fenômeno foi causado, principalmente, pela mudança conceitual a respeito da aprendizagem da língua escrita que se difundiu no Brasil a partir de meados dos anos 1980, com a divulgação dos trabalhos da *psicogênese da escrita*.

Sem desconsiderar a incontestável contribuição que essa mudança paradigmática trouxe, na área da alfabetização, para a compreensão da trajetória da criança em direção à descoberta do sistema alfabético, Soares (2004) destacava alguns equívocos e falsas inferências surgidos com a transposição dessa abordagem para a prática pedagógica de alfabetização, tais como: o privilégio da faceta psicológica da alfabetização que obscureceu sua faceta linguística – fonética e fonológica; a incompatibilidade divulgada entre o paradigma conceitual psicogenético e a proposta de métodos de alfabetização e, por fim, o pressuposto, também amplamente divulgado, de que apenas por meio do convívio intenso com o material escrito que circula nas práticas sociais, a criança se alfabetizaria. Nessa perspectiva, a alfabetização, como processo de aquisição de um sistema de escrita convencional com regras próprias, foi, segundo Soares (2004, p. 9), obscurecida pelo letramento, porque "este acabou por frequentemente prevalecer sobre aquela, que, como consequência, perde sua especificidade".

No período de 2003 a 2006, desenvolvemos – eu, o professor Artur Gomes de Morais, e a professora Andréa Tereza Brito Ferreira – uma pesquisa que teve como um dos objetivos analisar práticas de alfabetização de professores que lecionavam no 1º ano do ciclo de alfabetização da Secretaria de Educação da cidade do Recife. Participaram da pesquisa nove professoras, entre elas uma que tinha atuado no Ciclo Básico de Alfabetização da Secretaria de Educação da cidade do Recife (1986-1988) no mesmo período em que eu também era professora dessa rede de ensino. Como procedimentos metodológicos, realizamos observação de aulas e encontros mensais, nos quais desenvolvíamos um trabalho com a técnica de grupo focal. A cada encontro discutíamos temas relativos à alfabetização, tanto do ponto de vista teórico quanto das práticas de ensino das docentes.

Com base na análise dos dados, observamos que quatro professoras desenvolviam práticas "sistemáticas" de alfabetização na perspectiva do letramento, que contemplavam, por um lado, atividades variadas que envolviam reflexão sobre os princípios do Sistema de Escrita Alfabética (SEA) e, por outro, a leitura diária de textos (livros de literatura e/ou outros textos) e, em menor quantidade, atividades de produção textual. Nos encontros mensais, buscávamos saber de onde vinham as atividades que desenvolviam para compreender o processo de construção de tais práticas. Uma dessas professoras, que assim como eu havia participado do Ciclo Básico de Alfabetização, destacou que nos encontros de formação daquela época havia toda uma discussão sobre a importância de desenvolver atividades de leitura e produção de textos, concomitantemente com atividades de reflexão fonológica e de exploração das propriedades do sistema de escrita alfabética. Muitas das atividades que desenvolvia, quase duas décadas depois, eram, portanto, oriundas daquela experiência que durou muito pouco.

Nessa mesma pesquisa, constatamos que quatro professoras apresentavam práticas de alfabetização consideradas por nós como "assistemáticas", uma vez que priorizavam as atividades de leitura e produção de textos (coletivos) e, no conjunto das dez jornadas de aulas observadas em cada turma, contemplavam muito pouco as atividades relacionadas à apropriação do SEA. Essas professoras tentavam seguir o que estava sendo prescrito nos documentos oficiais e espaços de formação de então, que enfatizavam o trabalho com diferentes textos e, no que se refere à alfabetização, evitavam qualquer atividade que pudesse ser considerada como "tradicional". Uma das professoras desse grupo, em um dos encontros do grupo focal, no qual discutimos a importância das atividades de consciência fonológica para a alfabetização, fez a seguinte reflexão: "Agora eu sei por que meus alunos não estão alfabetizados. Eu trabalho muito com leitura e produção de textos, mando desenhar, mas não realizo essas atividades de reflexão com as palavras. Agora vou fazer diferente". E, de fato, pudemos constatar, nas últimas observações que fizemos de sua prática, que ela buscou inserir atividades dessa natureza.

Os dados dessa pesquisa revelam uma questão que consideramos muito importante: alfabetizar crianças (ou adultos) tomando como base teorias construtivistas, como a psicogênese da língua escrita e os estudos de letramento, não significa abandonar o trabalho com "métodos" de alfabetização. Tomando o conceito de *método de alfabetização* apresentado por Soares (2016, p. 16) – "conjunto de procedimentos que, fundamentados em teorias e princípios, orientem a aprendizagem inicial da leitura e da escrita, que é o que comumente se denomina de alfabetização" –, podemos concluir que tanto as professoras com práticas "sistemáticas" como as com práticas "assistemáticas" desenvolviam métodos para alfabetizar seus alunos. Enquanto as primeiras vivenciavam um conjunto de procedimentos que contemplavam atividades de leitura e produção de textos e algumas que levavam os alunos a refletirem e se apropriarem dos princípios do nosso sistema de escrita, as que desenvolviam práticas "assistemáticas" priorizavam as atividades de leitura e produção de textos e, com isso, seus alunos pouco avançavam no desenvolvimento da compreensão do sistema de escrita alfabética.

Juliana Coelho (2008) desenvolveu uma pesquisa no mestrado, sob minha orientação, que teve o objetivo de analisar a experiência do ciclo de alfabetização da Secretaria de Educação da cidade do Recife (1986-1988). Como procedimentos metodológicos, ela analisou o documento intitulado *O texto nas séries iniciais do ensino fundamental: um sonho a perseguir*, elaborado pela coordenadora de ensino da rede municipal, a professora Eliana Matos – e pelos especialistas da área de Língua Portuguesa (Artur Gomes de Morais e Noêmia de Carvalho Lima, ambos com mestrado em Psicologia Cognitiva à época) –, e realizou entrevistas com professores e a coordenadora de ensino. A análise dos dados indicou que, por um lado, havia uma preocupação com a necessidade de se romper com o uso dos textos cartilhados, sem função comunicativa real, que tornava a prática pedagógica artificial. A proposta era, então, de possibilitar a leitura e produção de textos que circulavam na sociedade, considerando seus usos e funções, em uma época em que a teoria de Bakhtin ainda não era bem difundida em nosso país. Por outro lado, era preciso garantir que os alunos se apropriassem da escrita alfabética, por meio de atividades que superassem o ensino com ênfase na repetição e memorização de sílabas e letras/fonemas, característico dos métodos considerados tradicionais (sintéticos e analíticos).

O texto elaborado pelos referidos especialistas da área de Língua Portuguesa, denominado "Eixos do trabalho de língua portuguesa e seus objetivos específicos", o qual foi distribuído e trabalhado com os supervisores e professores do ciclo, propunha, como algumas das competências relacionadas à apropriação da língua escrita: refletir sobre palavras enquanto sequência sonora; compreender que a escrita representa os sons da fala; apreender as convenções som/grafia empregadas para representar os diversos sons da nossa língua, a fim de ler e escrever palavras e textos convencionalmente.

Além da discussão sobre as mudanças na concepção de alfabetização e de ensino da leitura e da escrita, a formação em serviço desenvolvida no ciclo de alfabetização contemplava também uma orientação pedagógica, no que se refere ao trabalho nos diferentes eixos do ensino da Língua Portuguesa nos dois anos do ciclo (1ª e 2ª séries). Atividades e jogos contendo a exploração de palavras, como as que envolvem aliteração e rimas e contagem de letras e sílabas de palavras, eram sugeridas em textos trabalhados nos encontros de formação, como observou Coelho (2008) ao analisar o referido Relatório do ciclo de alfabetização. As professoras por ela entrevistadas também falaram dessas atividades de "análise fonológica" discutidas nos encontros de formação, o que corrobora o que foi observado na pesquisa que desenvolvi com dois colegas (ALBUQUERQUE, MORAIS; FERREIRA, 2008), a qual apresentamos anteriormente.

Retomando, portanto, o título deste capítulo – "Alfabetização sem métodos? O ensino da leitura e da escrita no Ciclo Básico de Alfabetização no Recife" –, posso concluir que, na experiência do ciclo, o método como "conjunto de procedimentos" não era previamente elaborado e repassado às professoras para que o aplicassem. No processo de construção das nossas práticas de alfabetização, o foco era na avaliação dos conhecimentos dos alunos sobre a escrita alfabética, com base na teoria da *psicogênese da língua escrita*, e na proposição de atividades que possibilitassem o avanço de seus conhecimentos, além de realizarmos a leitura cotidiana de textos e a produção textual (coletiva e individual). Nossas experiências eram compartilhadas e socializadas nos encontros quinzenais de formação e, no meu caso especificamente, eu e minhas colegas professoras do ciclo na escola também elaborávamos nosso planejamento de forma coletiva e trocávamos "dicas" (CHARTIER, 1998, 2000a) do que dava certo em nossas práticas.

Infelizmente, com a mudança de governo, o ciclo de alfabetização foi extinto e a formação de professores, na década de 1990, passou a ser feita por meio de "capacitações" cujo foco era no trabalho com leitura e produção de textos. O objetivo era, então, que os professores tivessem acesso aos "novos conhecimentos" produzidos pela universidade e incorporados em documentos oficiais como os Parâmetros Curriculares Nacionais (PCN), para que pudessem mudar suas práticas de ensino da leitura e da escrita. Foi nesse contexto que, como abordado por Soares (2003), houve, no Brasil, um apagamento da faceta linguística da alfabetização e uma priorização do trabalho com o texto na perspectiva do letramento. Tal fenômeno também ocorreu no Recife e, dessa forma, professores que ingressaram naquela rede de ensino, na década de 1990, vivenciaram esse novo modelo de formação. O grupo (pequeno) de professores que atuou no chamado Ciclo de Alfabetização continuou, no entanto, a desenvolver metodologias que contemplavam os diferentes eixos de ensino da Língua Portuguesa, como observamos em nossa pesquisa (ALBUQUERQUE; MORAIS; FERREIRA, 2008).

Programas de formação continuada de professores desenvolvidos principalmente a partir dos anos 2000 (como o Pró-Letramento e, principalmente, o PNAIC), no âmbito da Rede Nacional de Formação de Professores, tentaram romper com esse modelo de formação com ênfase na difusão de saberes acadêmicos que seriam "aplicados" pelos professores em suas práticas de ensino.

CAPÍTULO 4

"ALICE TERMINA COM C" E "MARINA ESTA ESALXTA": O OLHAR DA MÃE-PESQUISADORA NA ALFABETIZAÇÃO DE SUAS FILHAS

Neste capítulo, apresentarei minha experiência de acompanhamento da alfabetização de minhas duas filhas – Alice e Marina –, que muito me fez pensar sobre a questão do fracasso escolar em crianças das redes públicas e privadas. Como professora e pesquisadora da área de alfabetização, a princípio tentei acompanhar o aprendizado delas em relação à leitura e à escrita como mãe, distanciando-me, na medida do possível, da profissional, embora colecionasse alguns exemplos e produções que indicavam como estavam se apropriando da escrita alfabética e se envolviam em atividades de leitura e escrita. Assim, realizava com elas as tarefas sugeridas pela escola, que eram muito interessantes, e diariamente fazia a leitura de livros de literatura.

As duas estudaram desde a educação infantil em um colégio privado cuja proposta pedagógica se baseava no "Socioconstrutivismo, que integra as contribuições da epistemologia genética de Jean Piaget e da pesquisa sócio-histórica de Lev Vygotsky". O currículo é relacionado a projetos interdisciplinares e prioriza-se a "atenção à diversidade de capacidades, interesses e motivação dos alunos, considerando como ponto de partida para a aprendizagem, os seus conhecimentos prévios, suas formas próprias de sentir, pensar e agir sobre o mundo". Em relação à educação infantil, mais especificamente aos dois últimos anos, "o dia a dia na sala de aula é organizado por meio de um quadro de rotina, que contempla atividades de vida prática, enriquecimento das Linguagens Oral e Escrita, Matemática e Trabalhos Interdisciplinares, com temas específicos por série e semestre". No que se refere ao ensino da leitura e da escrita, a escola não seguia um método específico de alfabetização, e buscava realizar, desde a educação infantil, atividades tanto no eixo da apropriação da escrita alfabética, com propostas diversificadas e lúdicas, como no da leitura e da produção de textos.

Apresentarei a seguir um pouco da experiência de alfabetização de Alice e Marina, fazendo algumas reflexões sobre o papel da escola em suas aprendizagens e analisando, principalmente, atividades de leitura e escrita que realizaram na educação infantil e no 1º ano do ensino fundamental.

Algumas questões sobre a alfabetização de Alice e suas aprendizagens

Ao longo da educação infantil, Alice construiu muitos conhecimentos relacionados à leitura e à escrita. No Infantil 2 (3-4 anos), ela no início do ano não conseguia escrever/copiar seu nome (Fig. 55), o que aprendeu a fazer rapidamente, ainda no mês de março (Fig. 56).

Figura 55 – Escrita do nome por Alice em 17 de março de 2006

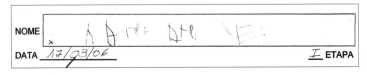

Fonte: Acervo pessoal.

Figura 56 – Escrita do nome por Alice em 28 de março de 2006

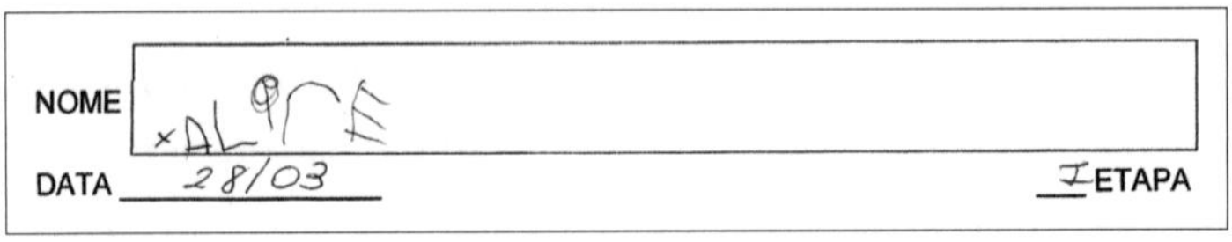

Fonte: Acervo pessoal.

No final desse ano escolar (Infantil 2), ela já conseguia escrever/copiar seu nome com mais autonomia, e escrevia palavras/textos apresentando uma hipótese pré-silábica de escrita, como pode ser observado na atividade a seguir:

Figura 57 – Atividade de produção de texto realizada por Alice

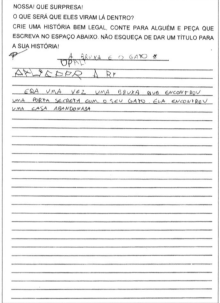

Fonte: Acervo pessoal.

Nessa atividade, ela demonstra saber escrever/copiar seu nome e, ao escrever a história (solicitei que ela mesma a escrevesse para depois ler para mim), ela usou letras aleatórias, algumas presentes em seu nome, o que indica que apresentava uma hipótese pré-silábica de escrita.

No ano seguinte, no Infantil 3 (4-5 anos), a professora fazia, uma vez por mês, uma atividade para avaliar o desenvolvimento dos alunos em relação à escrita e a outros conhecimentos. No início do ano (em março, depois de um mês de trabalho), Alice tinha evoluído em suas hipóteses, escrevendo de forma silábica:

Figura 58 – Atividade avaliativa de escrita de palavras realizada por Alice em março de 2007

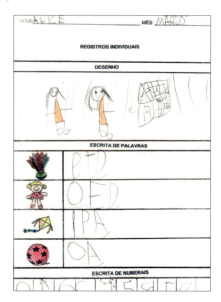

Fonte: Acervo pessoal.

Em abril, já com cinco anos, ao escrever seu nome em uma atividade, ela falou que ele devia terminar na letra C e que não precisava ter E. E escreveu: "Alic". Nesse momento, eu falei para ela que o nome da letra era C, mas que era preciso ter a vogal E, para ficar CE. E escrevi outras palavras que tinham essa sílaba, refletindo sobre a relação do som com a escrita.

É interessante que, nessa situação, ela, que já sabia escrever seu nome de cor, poderia parecer ter feito uma regressão ao tentar escrevê-lo da forma não convencional. Entretanto, ao falar que a letra E era desnecessária, se apoiando no nome da letra C, Alice demonstrou que já entendia que a escrita representa a pauta sonora das palavras e que as letras representam/notam sons. Estando com hipótese silábica de escrita, ela ainda desconhecia o princípio de que toda sílaba tem uma vogal. No segundo semestre, Alice avançou para a hipótese silábico-alfabética de escrita, como pode ser observado nos exemplos a seguir:

Figura 59 – Atividade avaliativa de escrita de palavras realizada por Alice em maio de 2007

Fonte: Acervo pessoal.

Figura 60 – Atividade avaliativa de escrita de palavras realizada por Alice em agosto de 2007

Fonte: Acervo pessoal.

Figura 61 – Atividade avaliativa de escrita de palavras realizada por Alice em outubro de 2007

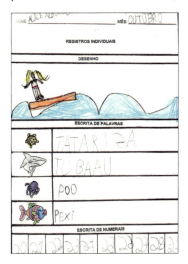

Fonte: Acervo pessoal.

Figura 62 – Atividade avaliativa de escrita de palavras realizada por Alice em dezembro de 2007

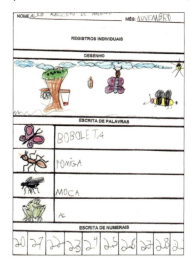

Fonte: Acervo pessoal.

Na ficha avaliativa da 3ª etapa, que nos foi entregue pela equipe pedagógica da escola, a professora escreveu que Alice

> continuou avançando em sua construção da base alfabética. Procuramos incentivá-la, colocando-a num contato mais frequente com diferentes tipos de textos, como também, estimulando-a a resolver cruzadinhas, construir e completar palavras, intensificando assim, suas reflexões acerca da nossa língua escrita, aprimorando seus conhecimentos, que já estão bem elaborados.

No ano seguinte, em 2008, Alice iniciou o 1º ano do ensino fundamental – ano oficial da turma de alfabetização – com muitos conhecimentos sobre a escrita (apresentava hipótese silábico-alfabética), precisando consolidar correspondências grafofônicas. Vale destacar que escola onde ela estava desde a educação infantil não adotava livro didático e trabalhava com a Pedagogia de Projetos. O ano escolar era organizado em três etapas e, para cada uma delas, havia um projeto a ser desenvolvido, com temáticas pré-definidas. Em geral, os projetos abordavam temáticas da área de ciências humanas e da natureza e havia um trabalho voltado para o desenvolvimento integral da criança.

No 1º ano, o projeto da 1ª etapa se denominava "Água viva, viva a água". Muitos dos textos propostos para leitura tinham relação com essa temática do projeto. Embora Alice tenha iniciado o ano com muitos conhecimentos sobre a escrita, ela não fez grandes avanços nos primeiros meses, principalmente em relação à leitura. Na avaliação da 1ª etapa, em relação à área de Língua Portuguesa, Alice recebeu, como conceito geral, MPA (metas parcialmente atingidas). Nesse momento, a professora nos falou que ela poderia ter dislexia, já que não conseguia ler com fluência como a maioria das crianças de sua sala.

No início de junho, quando soube que Alice tinha avançado pouco em seus conhecimentos, principalmente em relação à leitura, comecei a fazer atividades de leitura com ela em casa. Até aquele momento, quando eu pedia para ela ler livros de literatura, ela se negava, pois dizia que não sabia ler. Passei a escrever no computador textos da tradição oral, em letra de forma grande, e pedia para ela fazer a leitura deles para mim. O primeiro correspondeu à parlenda da Macaca Sofia ("Meio dia, macaca Sofia, panela no fogo, barriga vazia"). Ela leu o primeiro verso soletrando as sílabas e retomando as palavras lidas. No segundo verso, a palavra "macaca" foi lida rapidamente, sem soletração, provavelmente porque ela já havia consolidado as sílabas que a compõem. Ao ler a palavra "Sofia", Alice soletrou a primeira sílaba, apontou para a letra F e disse que não sabia que letra era aquela. Eu então pedi para ela pegar o "alfabeto da Turma da Mônica" que estava em seu quarto (Fig. 63) para descobrir o nome daquela letra. Ela o pegou, começou a dizer as letras do alfabeto e, quando parou na letra F, voltou para o texto e conseguiu ler a palavra "Sofia", soletrando as sílabas. Ao terminar de ler essa palavra, Alice fez algo inesperado: ela se distanciou um pouco da tela, releu silenciosamente os dois primeiros versos e, apontando as palavras com o dedo, leu toda a parlenda sem fazer mais parada alguma. Ou seja, ao ler a palavra "Sofia", ela ativou os conhecimentos que tinha sobre os textos da tradição oral, reconheceu a parlenda e a recitou com apoio da memória.

Figura 63 – Alfabeto da Turma da Mônica

Fonte: Acervo pessoal.

Em seguida, pedi para ela escrever a parlenda no computador. Ela pediu minha ajuda no F de "Sofia" e no G de "fogo", e escreveu o texto dessa forma:

> **Meio dia**
> **Macaca sofia**
> **Panela no fogo**
> **Bariga vazia**

No dia seguinte, continuamos a atividade que, na verdade, se transformou em uma brincadeira, pois Alice já sabia que se tratava de textos que ela conhecia e, ao ler o primeiro verso, tentava adivinhar qual era o texto e fazia a leitura dele. Foi nesse contexto que ela leu sem dificuldades a parlenda "Eu vi uma barata na careca do vovô. Assim que ela me viu bateu asas e voou". Ao escrever (no computador) na parlenda abaixo, ela cometeu poucos erros de transcrição da fala ("du" no lugar de "do", "qui" no lugar de "que", "mi" no lugar de "me") e de acentuação (não colocou acento em "vovo"), como pode ser observado a seguir:

> **Eu vi uma barata**
> **Na careca du vovo**
> **Assim qui ela mi viu**
> **Bateu asas e voou**

No dia 17 de junho, na leitura da parlenda "Corre Cutia", Alice rapidamente reconheceu o texto e fez a leitura dele com apoio da memória. Ao ler/falar os dois últimos versos ("Moça bonita, do meu coração"), ela falou: "Moça bonita, do laço de fita". Pedi para ela reler esses dois versos, e ela, lendo cada palavra, falou: "Moça bonita, do meu coração". Perguntei, então, por que ela tinha dito "Moça bonita, do laço de fita", e ela disse que tinha se confundido com o livro (fazia referência ao livro *Menina bonita do laço de fita*, de Ana Maria Machado).

Nessas atividades que realizei com Alice, percebi/constatei quantos conhecimentos ela tinha construído não só sobre nosso sistema de escrita, mas também sobre textos com os quais convive em seu cotidiano tanto na escola como fora dela. Esses exemplos só confirmam que ler não é apenas decodificar. Ao ler, outros conhecimentos são acionados (conhecimentos prévios de diferentes naturezas). Foi isso o que aconteceu com Alice, pois, quando conseguia ler os primeiros versos das parlendas, ela identificava as palavras acionando os conhecimentos que tinha sobre esse gênero. Por outro lado, para ler com autonomia, é preciso transformar as letras/sílabas em sons e, embora Alice estivesse bem avançada em suas hipóteses de escrita (ela estava alfabética), ela não conseguia ler algumas sílabas/palavras que ainda não tinha consolidado. Ela não conseguiu a princípio ler a palavra "Sofia" exatamente porque não sabia o som da letra F com a vogal I. Ao escrever a parlenda, também não soube como grafar essa sílaba, assim como o GO de "fogo", palavra esta que ela conseguiu ler porque identificou a parlenda. Faltava, então, a Alice, no mês de junho, consolidar algumas correspondências grafofônicas.

Para Soares (2016), no processo de apropriação da escrita alfabética, a escrita de palavras é, inicialmente, mais fácil que a leitura, uma vez que na escrita a palavra já está dada como unidade fonológica e semântica e é possível grafar palavras, mesmo que de forma não convencional (escritas silábico-alfabéticas e alfabéticas com trocas de letras, por exemplo). No caso da leitura, a palavra escrita é um conjunto de letras que precisam ser decifradas para se chegar à palavra como unidade fonológica e semântica, o que requer que as crianças tenham um domínio das correspondências grafofônicas. Alice parecia realizar bem as atividades que envolviam a escrita de palavras e textos (ainda que escrevesse com erros ortográficos), mas apresentava resistência para ler palavras e textos.

No final de junho, quando do encerramento do primeiro semestre, soubemos que Alice ficara em recuperação e, para isso, teria que fazer, durante as férias, um conjunto de atividades de Língua Portuguesa e Matemática, como um tipo de "reforço". No que se refere a essas "atividades de recuperação", na proposta pedagógica da escola elas eram consideradas como "tarefas de reforço de aprendizagem para serem realizadas nas férias de julho, pelos alunos que não tenham atingido as metas esperadas até esse período letivo".

Quando vi as atividades de Língua Portuguesa que Alice deveria fazer nas férias, perguntei à professora e à equipe de coordenação pedagógica da escola o porquê de tais atividades não terem sido feitas nos primeiros meses de aula. As atividades eram muito boas e se relacionavam com as metas estabelecidas pela escola para a primeira etapa que envolvia, entre outras coisas, a consolidação das correspondências simples (entre elas estaria as sílabas Consoante-Vogal formadas com a letra F).

Ao ver que, para o colégio, Alice era uma aluna que apresentava "problemas de aprendizagem" que demandavam algum tipo de "reforço" em um momento que seria para ser de férias, percebi que a responsabilidade por um desempenho "fora da norma" ou por seu suposto baixo desempenho em leitura recaía sobre ela, vinculando o "fracasso escolar" ao aluno, ou a sua família, algo muito comum também no caso de alunos das redes públicas de ensino. Na turma de Alice, boa parte das crianças iniciou o ano lendo com fluência e escrevendo textos sem muitos problemas. Essa não era a situação de Alice e de outros estudantes que receberam as tais "tarefas de recuperação" para fazer nas férias. E a pergunta que eu fiz a mim mesma e à equipe pedagógica da escola foi a seguinte: o que a escola fez para que Alice avançasse em seus conhecimentos em relação à leitura e à escrita? Até que ponto sua pequena evolução não estaria relacionada, entre outros aspectos, à prática pedagógica vivenciada na escola?

Para responder a essas questões, me propus a fazer uma análise, ainda que não muito aprofundada, das atividades vivenciadas por Alice na 1ª etapa (fevereiro a maio), que estavam materializadas em fichas impressas e no caderno, inserindo-as no quadro de rotina elaborado pela professora e equipe pedagógica, que era anexado na agenda de cada aluno. Para tal estudo, me apoiei nas pesquisas que desenvolvi de análise da prática docente por meio de observações, entrevistas e análise documental envolvendo atividades propostas por professoras, cadernos de alunos e livros didáticos, como apresentado em outros capítulos deste livro.

Em uma reunião com a direção e coordenação da escola no início de julho, apresentei alguns aspectos da análise que fiz, para que eles percebessem que a evolução apresentada por Alice poderia estar relacionada à organização do trabalho pedagógico materializado no quadro de rotina (Fig. 64), e nas atividades propostas que contemplaram, de forma pouco significativa, as próprias metas estabelecidas pela escola para a 1ª etapa do ano letivo. Apresento, a seguir, uma parte da análise que fiz, começando pela organização da rotina, cujo quadro com os blocos de atividades realizadas ao longo de semana, ao qual me referi anteriormente, foi anexado na agenda escolar de cada aluno.

Como pode ser observado, em todos os dias da semana havia atividades na área de linguagem, como a roda literária (segunda),

Figura 64 – Quadro de rotina colado na agenda escolar de Alice

HORÁRIO	SEG	TER	QUA	QUI	SEX
7h30min às 8h20min	Roda literária	Texto da semana	Projeto PAI	Biblioteca	Projeto
8h20min às 9h10min	M.M. (Matemática)	Ficha de exploração do texto	Projeto PAI	2ª e 4ª semanas Vídeo /Língua (entregar o vídeo a Rosana)	ARTE (Elis)
9h10min às 10h	FORMAÇÃO PESSOAL (QUINZENAL) (Matemática)	Ed. Física	Matemática	Recreação/ Quinzenal Matemática	ARTE (Elis)
10h às 10h25min	LANCHE/ RECREIO	LANCHE/ RECREIO	LANCHE/ RECREIO	LANCHE/ RECREIO	LANCHE/ RECREIO
10h30min às 11h20min	Projeto	Jogos com Desafios	Produção escrita	INFORMÁTICA (Projeto)	Escolha do livro
11h20min às 12h10min	Produção escrita	Registro escrito	Ed. Física (sai + cedo)	Ditado com padrões simples	Ouvir leitura

Fonte: Acervo pessoal.

produção escrita (segunda e quarta), registro escrito (terça), texto da semana e ficha de exploração do texto (terça), ditado com padrões simples (quinta), leitura de livros literários (quinta e sexta). A ênfase, no entanto, era na leitura de textos e de palavras neles contidas, e na escrita/cópia de palavras. Na terça-feira havia uma atividade em ficha, contendo o "texto da semana" e atividades relacionadas a ele. Nos três primeiros meses de aula (fevereiro, março e abril), os textos lidos envolveram principalmente poemas, quadrinhas, cantigas/ músicas (2), lenga-lengas (1) e histórias. No geral, a instrução era para o aluno ler o texto com a ajuda da professora e dos colegas.

As atividades relacionadas ao texto, presentes nas fichas de Língua Portuguesa, envolviam principalmente a leitura e escrita/cópia de palavras, além de atividades de: identificar palavras que começavam com determinada letra ou sílaba; completar palavras com letras; escrever palavras iniciadas com algumas letras ou sílabas; escrever palavras diferentes trocando apenas a primeira letra, dentre outras. Observa-se, no entanto, poucas atividades que possibilitavam a exploração e consolidação das relações fonema-grafema. Apostava-se mais na crença, decorrente da própria didatização da perspectiva da psicogênese da língua escrita (SOARES, 2004; MORAIS; ALBUQUERQUE, 2005), de que as crianças aprenderiam a ler e escrever lendo (ainda que com a ajuda do professor), e escrevendo "da forma como sabem". Analisando o caderno de Alice, percebe-se que os alunos faziam atividades de ditado (oral ou com base em gravuras) pelo menos em dois dias da semana: na terça, na atividade de "registro escrito", e na quinta, na atividade de "ditado com padrões simples". O foco parecia ser muito mais em atividades de escrita do que nas de leitura.

As fichas que continham o "texto da semana", propostas em geral nas terças-feiras, não pareciam ser retomadas em outros dias, de modo que os alunos pudessem ler mais uma vez o texto lido na sala de aula. No dia 19 de fevereiro, por exemplo, a atividade envolveu o poema "Gente tem sobrenome", que foi colado no caderno (Fig. 65). Além da leitura do texto, os alunos fizeram desenhos ao lado dele e realizaram uma atividade em ficha (Fig. 66), que não deve ter sido concluída em classe, sendo enviada como tarefa de casa.

Figura 65 – Atividade de leitura de poema

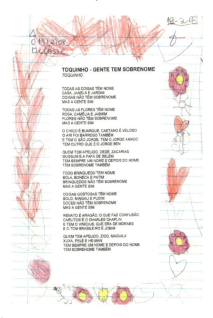

Fonte: Acervo pessoal.

Figura 66 – Atividade de leitura de texto e de palavras

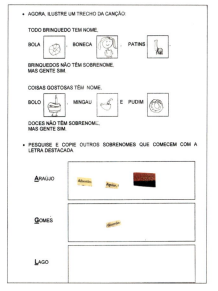

Fonte: Acervo pessoal.

75

No dia seguinte, como a aula começava com o projeto PAI, seguida de aula de matemática, o texto da atividade não deve ter sido retomado. Não localizei, entre as atividades de Alice, outras relacionadas a esse texto, salvo as que acabamos de apresentar. E o que era o projeto PAI, que ocupava as duas primeiras aulas da quarta-feira?

O projeto PAI (Pensamento, Ação e Inteligência) é de autoria de Marian Baqués, com assessoria pedagógica e adaptação de Marisa Rodrigues de Freitas (tradução Antonio Efro Feltrin e Thiago Mori). Foi publicado pela Edições SM (São Paulo, 2006). Como consta em seus objetivos, busca promover "uma atitude de melhora da percepção e atenção, atua na consciência dos processos da memória, do pensamento e da linguagem, trabalha a estruturação do espaço e do tempo, a psicomotricidade e a expressão artística, e propicia momentos de reflexão sobre si mesmo" (p. 3). Alice e algumas de suas amigas consideravam as atividades do livro do projeto muito fáceis. Analisando o material, constatei que de fato eram atividades fáceis, descontextualizadas, que causavam certa "estranheza" para alunos que ao longo de toda a educação infantil vivenciaram na escola atividades tão ricas e interessantes. A seguir, apresento algumas de suas atividades:

Não conseguia entender como esse projeto que se concentrava no trabalho de coordenação motora e discriminação perceptual se articulava com a proposta pedagógica da escola e poderia, de fato, ajudar os alunos em suas aprendizagens. No ano seguinte, em 2009, esse material não foi mais utilizado.

Figura 67 – Atividade do livro do Projeto PAI

Fonte: Baqués (2006, p. 9).

Figura 68 – Atividade do livro do Projeto PAI

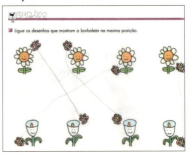

Fonte: Baqués (2006, p. 12).

Figura 69 – Atividade do livro do Projeto PAI

Fonte: Baqués (2006, p. 15).

Figura 70 – Atividade do livro do Projeto PAI

Fonte: Baqués (2006, p. 15).

Ainda em relação à leitura, não havia uma preocupação na escolha dos livros de literatura que possibilitariam uma leitura mais autônoma por parte de Alice, seja pelo fato de já serem conhecidos, seja por sua natureza, comtemplando, por exemplo, jogos de linguagem que ajudassem no desenvolvimento da fluência em leitura, como alguns dos livros do PNLD Obras Complementares (2010 e 2013).

Enfim, Alice concluiu o primeiro ano muito bem, lendo e escrevendo textos, ainda que apresentasse alguns problemas ortográficos naturais nessa etapa. A seguir, apresento o texto que ela produziu para o livro da turma, ao final do ano:

Figura 71 – Texto produzido por Alice no final do ano de 2008

Fonte: Acervo pessoal.

77

Algumas questões sobre a alfabetização de Marina

Assim como Alice, ao longo da educação infantil Marina também construiu muitos conhecimentos relacionados à leitura e à escrita, alguns deles relatados em capítulos de livros escritos por mim ou por outros colegas. Artur Morais (2012, p. 83), na introdução do Capítulo 3 de seu livro *Sistema de Escrita Alfabética*, apresenta algumas "cenas de (precoce) consciência fonológica", uma delas envolvendo Marina:

Figura 72 – Uma das "cenas de (precoce) consciência fonológica" apresentada por Artur Morais na introdução de seu livro *Sistema de Escrita Alfabética*

sistema de escrita alfabética **83**

1. O que é a consciência fonológica

Algumas cenas de (precoce) consciência fonológica

Cena 1: Aos 3 anos e 5 meses, Marina volta da escola e, já no final do almoço, enquanto comia sua sobremesa, sorri para a mãe, anunciando a descoberta que acabou de fazer:

Fonte: Morais (2012).

Nesse outro exemplo (Fig. 73) que envolve uma atividade relacionada ao projeto vivenciado na 1ª etapa ("Animais extintos ou passíveis de extinção"), Marina mais uma vez demonstrou que havia internalizado o nome da sua professora. No momento em que fazia a atividade em casa, ela fez o seguinte comentário: "Esse (apontando para o nome 'Tina') é 'Tina', é pequeno e termina com A. Esse (apontando para o nome 'tartaruga') é 'tartaruga' porque ele é grande".

Figura 73 – Atividade do projeto "Animais extintos ou passíveis de extinção"

Fonte: Acervo pessoal.

Como abordado anteriormente, na educação infantil do colégio de Alice e Marina, as crianças não eram expostas a atividades de leitura e escrita/cópia de letras e sílabas, como tradicionalmente as escolas fazem quando adotam a perspectiva da "obrigação da alfabetização" (ver Brandão; Leal, 2010; Albuquerque; Brandão, 2021). Ao contrário, o colégio adotava uma perspectiva socioconstrutivista e interacionista, e trabalhava, como já foi dito, a partir de projetos didáticos na educação infantil e no primeiro segmento do ensino fundamental. Em relação ao trabalho com a leitura e escrita na educação infantil, as crianças vivenciavam situações diversificadas de leitura e escrita que possibilitavam uma ampliação de suas experiências de letramento, ao mesmo tempo em que realizavam atividades que as faziam refletir sobre alguns dos princípios do nosso sistema de escrita alfabética. Entre essas atividades, algumas envolviam reflexão fonológica, como pode ser observado em um trecho do "Relatório de vivências significativas da III Etapa", que a professora de Marina (Tina) apresentou aos pais dos alunos:

> As atividades envolvendo práticas de leitura e de escrita foram frequentes na nossa rotina. Assim, exploramos os nomes

próprios, palavras e textos significativos, como: chamada com a lista dos nomes das crianças da sala, lista de nomes de livros de histórias explorados, quadrinhas, poesias, músicas. Tais textos contribuíram, de forma surpreendente, para a estabilização da escrita de algumas palavras. Observei o crescente interesse, em grande parte do grupo, em conhecer as letras, como escrever algumas palavras, tendo como referência maior a escrita dos nomes próprios das crianças da nossa sala, nomes de irmãos, pai e mãe, da professora e outros nomes também significativos.

Ah! Como não mencionar os trabalhos com as rimas e análise fonológica? Através deles, as crianças foram instigadas a pensarem sobre a relação entre a fala e a escrita das palavras, ampliando cada vez mais o desejo de escrever e a possibilidade de escrever as palavras de maneira convencional. A curiosidade sobre qual era a letra que inicia tal palavra era constante... Relacionando-as aos sons que conhecem e tendo como maiores referências os nomes estabilizados, as crianças buscaram essas referências para escreverem novas palavras. Algumas falas ilustram esses momentos:

– "Maria, Marina, Maria Clara e Maria Cecília começam com o som MA";

– "E Maria Luiza também!";

Explorando o título do livro "Bruxa Onilda vai a Paris", imediatamente uma criança comentou: "Bruxa começa igual a Bruna".

Após a leitura do livro "Gato de Botas", propus às crianças que desenhassem sobre a história e quem desejasse poderia escrever o título da mesma. Uma criança pensando sobre a escrita proposta, falou: – Tina, Gato começa igual ao nome de Gabriel – e outra criança, imediatamente, falou: – É com a letra G.

Ainda no mesmo ano em que estudava com Tina, em uma atividade realizada na segunda etapa (mês de agosto), com quatro anos e três meses, Marina demonstrou que já havia internalizado a sequência de letras que formavam seu nome. A atividade foi a seguinte:

Figura 74 – Atividade de leitura de quadrinha

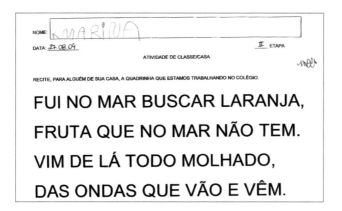

Fonte: Acervo pessoal.

Ao ler para mim a quadrinha que já sabia de cor, ela se deteve nas palavras "mar" e "não" presentes no segundo verso e, apontando para elas, falou: "olha, se eu tirar o O daqui (mostrando o O da palavra 'não'), e colocar o I aqui no meio (mostrando o espaço entre as palavras 'mar' e 'não'), fica o meu nome".

Quando Marina cursou o Infantil 4 (último ano da educação infantil[24]), não houve um acompanhamento do processo de evolução da escrita por meio de ditado, como houve com Alice. Como Marina passou o primeiro semestre desse ano na França,[25] eu não sei se essa avaliação não foi feita apenas com ela, ou se realmente não era mais realizada como atividade pedagógica. Pela análise de algumas atividades realizadas mais no final do ano, Marina demonstrou ter concluído a educação infantil com hipótese mais avançada de escrita (hipótese alfabética), mas não dá para saber se ela escreveu de forma espontânea, se copiou as palavras ou se já as tinha memorizado, já

---

[24] Na época que Alice era aluna da educação infantil, havia três turmas nessa etapa: Infantil 1, 2 e 3. Quando Marina começou a estudar, a etapa da educação infantil foi ampliada no colégio, passando a contemplar quatro turmas: Infantil 1, 2, 3 e 4.

[25] No primeiro semestre de 2010, fiz meu primeiro pós-doutorado em Paris, e Alice e Mariana passaram esse período comigo.

que eram palavras constitutivas do projeto vivenciado nessa etapa. A seguir, apresento duas dessas atividades:

Figura 75 – Atividade de escrita de palavras

Fonte: Acervo pessoal.

Figura 76 – Atividade de leitura e escrita de palavras

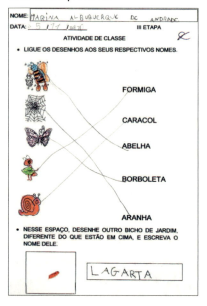

Fonte: Acervo pessoal.

No ano seguinte, em 2011, quando Marina iniciou o 1º ano do ensino fundamental na mesma escola, percebemos mudanças importantes na organização do trabalho pedagógico. O projeto didático da 1ª etapa, que no ano de Alice tinha como título "Água viva, viva a água", foi alterado em 2009 para o projeto "Vida de criança". A diretora pedagógica afirmou, em reunião com os pais da escola, que a alteração ocorreu para que as crianças pudessem trabalhar de forma mais efetiva com as metas da 1ª etapa, ao mesmo tempo em que tinham percebido que a temática da água também era discutida no projeto da 2ª etapa, intitulado "Do litoral ao Sertão". Outra mudança importante foi a contratação de uma professora auxiliar para trabalhar com a docente do 1º ano, ação que deve ter visado o trabalho com a heterogeneidade de conhecimentos dos alunos.

No que se refere à rotina e atividades realizadas por Marina, como não consegui recuperar o quadro de rotina da turma de Marina referente a esse ano escolar, não tenho como comentar a organização do trabalho pedagógico em termos das atividades desenvolvidas ao longo da semana, como fiz na análise da alfabetização de Alice.

Marina começou o ano demonstrando ter hipótese alfabética de escrita, escrevendo as sílabas, em sua maioria, com duas letras (CV), embora apresentasse erro por troca de letra, como pode ser observado na atividade de avaliação diagnóstica que fez no dia 8 de fevereiro (Fig. 77). Em algumas situações, ela escrevia omitindo a vogal da sílaba, como na palavra "tapete" da atividade da Fig. 78 (provavelmente omitiu o E por considerar que o nome da letra P já contém esse fonema), ou mesmo a consoante, como na palavra "tucano", escrita por ela com a omissão do N da última sílaba. Enfim, ela precisava consolidar algumas correspondências grafofônicas, perceber diferentes estruturas silábicas e aprender algumas regras ortográficas.

Figura 77 – Atividade de escrita de palavras

Fonte: Acervo pessoal.

Figura 78 – Atividade de escrita de palavras e de segmentação de palavras em sílabas

Fonte: Acervo pessoal.

Que atividades relacionadas à área de Língua Portuguesa Marina vivenciou na 1ª etapa do 1º ano? Com base na análise do caderno e das fichas de atividades da área de Língua Portuguesa e do projeto "Vida de Criança", pude constatar mudanças significativas relacionadas às atividades envolvendo a leitura e a escrita. Os textos lidos nessa etapa (fevereiro a abril), relacionados ao projeto, contemplaram uma diversidade de gêneros, como poemas, quadrinhas, receita, verbete, capa de livro, parlendas, textos didáticos, cantigas e livros de literatura infantil. As atividades relacionadas ao texto também se diversificaram, envolvendo a exploração de rimas, a identificação de palavras repetidas no texto, a leitura e escrita de palavras, a identificação de palavras que começavam com determinada letra ou sílaba, etc. Com a mudança do projeto, percebemos que houve um aumento na quantidade e diversidade de atividades relacionadas à apropriação do SEA e consolidação das correspondências grafofônicas nos primeiros meses do ano.

Analisando mais detidamente as atividades vivenciadas por Alice e Marina nas quatro primeiras semanas de aula, pude perceber que, em relação à leitura, as atividades realizadas por Alice envolveram o trabalho com três textos, sendo dois poemas ("Gente tem sobrenome" e "Coisas") e uma quadrinha. Já Marina, nesse mesmo período, leu três poemas ("Saco de brinquedo", "Bola de meia" e "Jogo de bola"), uma quadrinha ("Qual é o seu nome") e dois livros de literatura infantil (*Bruxa Onilda vai a Veneza* e *A chuvarada*). Claro que outros textos podem ter sido lidos em sala por Alice e Marina, uma vez que eu me detive naqueles que fizeram parte de atividades realizadas e registradas pelos alunos, o que significa que foram textos mais explorados no que se refere às atividades de apropriação da escrita e consolidação das correspondências grafofônicas. O Quadro 1 apresenta uma categorização e quantificação das atividades de leitura e escrita realizadas em fichas e no caderno por Alice e Marina no primeiro mês de aula (quatro semanas):

Quadro 1: Atividades de leitura e escrita realizadas no primeiro mês de aula por Alice e Marina, no 1º ano do ensino fundamental

Atividades	Alice (2008)	Marina (2011)
Leitura de palavras	3	1
Identificação/leitura de palavras que se repetem no texto	0	4
Escrita de palavras estáveis (nome próprio, nomes de colegas, palavras trabalhadas em textos)	2	5
Cópia de palavras	3	0
Ditado	3	1
Escrita de palavras	0	3
Escrita de palavras com apoio de gravura (24 palavras)	1	5
Cruzadinha	0	1
Escrita (cópia) de palavras começadas por letra X	1	1
Escrita (cópia) de palavras começadas por sílaba X	0	0
Escrita de palavras trocando a letra inicial	0	1
Contagem de letras em palavras	2	1
Identificação de letras em palavras	1	2
Identificação de palavras que começam com letra X	3	2
Identificação de palavras que rimam	0	1
Completar palavras com sílabas	1	1
Partição de palavras em sílabas	0	1
Completar palavras com letra com apoio de gravuras	0	1

Atividades	Alice (2008)	Marina (2011)
Identificação de palavras que começam com sílaba X	1	2
Completar texto/escrita de palavras (Certidão de Nascimento)	1	1
Exploração do alfabeto	1	1
Bingo de nomes da turma	0	1
Leitura de frases	0	2
Montagem de texto partido em versos	0	1
Cópia de frases	0	4
Total	23	43

Fonte: Elaboração própria.

Percebe-se que em 2011, na alfabetização de Marina, os alunos fizeram mais atividades referentes tanto à diversidade quanto à quantidade delas. Parece que a mudança na temática do projeto ampliou as possibilidades do trabalho com o eixo da apropriação da escrita alfabética articulado com a leitura e escrita de textos. Houve mais atividades envolvendo o eixo da leitura, com o incentivo para os alunos lerem sozinhos os textos trabalhados em sala, como poemas e livros de literatura. A leitura e escrita de palavras ocorreram de forma mais contextualizada, relacionadas ao projeto. No dia 17 de fevereiro, por exemplo, os alunos leram o poema "Saco de brinquedos", que foi colado em uma folha do caderno (Fig. 79). Nesse texto, eles marcaram algumas palavras do poema, como a palavra "saco", que aparece no título e em duas estrofes. Depois eles recortaram em uma folha um saco de brinquedos, desenharam brinquedos que eles tinham e escreveram os nomes desses brinquedos (Fig. 80). Ainda no dia 17, eles levaram como atividade de casa, indicada na agenda escolar (Fig. 81), uma ficha com atividades que propunham a leitura do poema (Fig. 82), a identificação de palavras que rimavam, a escrita do nome de quatro brinquedos que aparecem no poema e a cópia de frases/escrita de palavras com a temática do brinquedo.

Figura 79 – Atividade de leitura de poema

Fonte: Acervo pessoal.

Figura 80 – Atividade relacionada ao poema "Saco de brinquedos"

Fonte: Acervo pessoal.

Figura 81 – Página da agenda escolar de Marina

Fonte: Acervo pessoal.

Figura 82 – Atividade em ficha envolvendo o poema "Saco de brinquedo"

Fonte: Acervo pessoal.

Na continuidade da exploração da temática "brinquedos", que fazia parte do projeto da etapa ("Vida de Criança"), no dia 21 de fevereiro houve uma atividade com o poema "Bola de meia" (Fig. 83), que envolveu a leitura dos versos do poema para montar o texto que deve ter sido lido antes da atividade. Percebe-se um investimento maior na leitura de textos pelas crianças, assim como nas atividades de escrita.

Figura 83 – Atividade de leitura e ilustração do poema "Bola de meia"

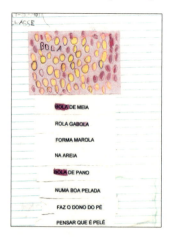

Fonte: Acervo pessoal.

Ainda em relação à leitura na turma de Marina, nas quatro primeiras semanas do 1º ano do ensino fundamental, há registro da leitura de dois livros de literatura seguida de atividades sobre eles, realizadas na classe, como pode ser observado a seguir:

Figura 84 – Atividade sobre o livro "Bruxa Onilda vai a Veneza"

Figura 85 – Atividade sobre o livro "A chuvarada"

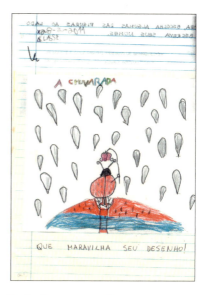

Fonte: Acervo pessoal.

Fonte: Acervo pessoal.

Também observamos, na prática vivenciada por Marina, a realização de atividades lúdicas como o bingo dos nomes dos alunos (Fig. 86) e cruzadinha. Há também um relato interessante que indica que jogos com a linguagem, como alguns dos que foram elaborados pelo CEEL, também foram usados. A escola tinha alguns desses jogos porque, na época de sua elaboração, nós contamos com a ajuda de alguns professores que se dispuseram a trabalhar com os jogos com seus alunos, como uma forma de testá-los. Um dia Marina chegou em casa repetindo algumas palavras ditas por nós, que continham palavras dentro delas. Isso me chamou a atenção e

89

eu então perguntei a ela se ela tinha feito alguma atividade na escola que destacava "palavras dentro de outras palavras". Ela falou que tinham usado um jogo que era assim. No dia seguinte, a professora confirmou dizendo que haviam jogado "Palavras dentro de palavras", da caixa do CEEL. Assim, uma atividade de jogo vivenciada na escola fez Marina refletir sobre a presença de palavras dentro de outras palavras, e tal reflexão extrapolou os muros escolares, uma vez que ela continuou a jogar em sua casa. Esse comportamento nos faz destacar a importância do desenvolvimento de atividades lúdicas, interessantes e reflexivas com alunos não só da educação infantil, mas de toda a educação básica.

Figura 86 – Jogo de Bingo com nomes de crianças da turma

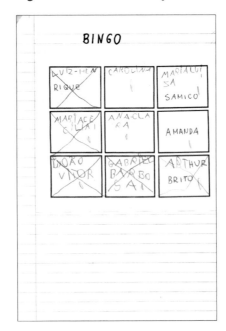

Fonte: Acervo pessoal.

Em relação às atividades de férias, também houve mudanças no 1º ano de Marina. Todos os alunos receberam uma ficha com sugestões de livros, filmes e atividades para fazerem nas férias, além de um conjunto de textos (poemas, parlendas e cantigas, alguns deles trabalhados no semestre) para lerem e se divertirem. Além dessas sugestões, eles foram estimulados a produzir o "Diário de férias", como no ano de Alice. Não houve "atividades de recuperação" para as crianças do 1º ano.

Enfim, Marina avançou muito e se envolveu com entusiasmo em todos os projetos (o da 2ª etapa teve como temática o "Planeta Água" e o da 3ª foi o mesmo do ano de Alice: "Comunicação"). A seguir, apresento o texto produzido por Marina para compor o livro de histórias da turma (Fig. 87) e uma frase escrita por ela em um quadro branco que tínhamos na nossa casa (Fig. 88). Os exemplos mostram como ela progrediu em suas aprendizagens, e o quanto que precisava continuar aprendendo já que nosso sistema de escrita possui muitas correspondências irregulares:

Figura 87 – Texto produzido por Marina no final do ano de 2011

Fonte: Acervo pessoal.

Figura 88 – Escrita espontânea de frase por Marina no final do ano de 2011

Fonte: Acervo pessoal.

Pelo modo como Marina escreveu a palavra "exausta" ("esalxta"), percebe-se que os erros cometidos por ela são pertinentes, uma vez que se relacionam às irregularidades do nosso sistema de escrita, como também a questões de variação linguística (aqui em Pernambuco o S no final da sílaba é falado, em geral, com o som do X). Ela, nessa frase, conseguiu mostrar o quanto que é "esalxtivo" aprender o português!

Ser exaustivo não significa, no entanto, que foi um processo de aprendizagem chato e fatigante. É que pensar cansa! E foi isso que observamos ao longo do processo de alfabetização de Alice e Marina. Elas refletiam muito e vivenciaram, na escola, uma rotina repleta de descobertas, aprendizagens e de muita interação com os colegas e professores.

Para concluir, algumas reflexões

Ao comparar o processo de alfabetização escolar de Alice e Marina, percebemos que, ao longo da educação infantil, as práticas foram muito parecidas no que se refere à organização do trabalho pedagógico, com ênfase em atividades lúdicas, no envolvimento dos alunos e de suas famílias nos projetos interdisciplinares, na realização de leitura diária de livros de literatura e de atividades semanais (mas não diárias) que possibilitavam que avançassem no processo de apropriação da escrita alfabética.

No caso específico das experiências vivenciadas por elas no 1º ano, as mudanças na organização do trabalho pedagógico que percebemos na análise da prática de alfabetização vivenciada por Marina foram realizadas com o objetivo de melhor qualificar o processo de ensino e aprendizagem, no sentido de garantir o direito de todos a aprender por meio de atividades lúdicas, interessantes e reflexivas.

Os relatos apresentados neste capítulo não são frutos de uma pesquisa, mas do olhar de uma mãe-pesquisadora da área de alfabetização que tem trabalhado na formação inicial e continuada de professores alfabetizadores e tem atuado na assessoria de algumas escolas e sistemas de ensino. Nesses trabalhos, os dados de pesquisas que analisam práticas de ensino e as aprendizagens dos alunos são muito importantes.

Em muitas situações, as crianças das redes privadas contam com uma ajuda "extra" em seus processos de alfabetização, seja pelas "aulas de reforço", seja pelo acompanhamento de psicopedagogas ou profissionais especialistas em alfabetização, que requerem investimentos dos pais para além do pagamento da mensalidade escolar. Os pais recorrem a esses serviços para evitar o fracasso de seus filhos materializado na repetência de um ano escolar. No caso dos alunos das redes públicas, a ajuda extra não acontece e o que temos visto é que eles avançam na escolaridade de qualquer forma, sem necessariamente apresentarem uma progressão em suas aprendizagens (SILVA, 2019; SANTOS, 2016; GAMA, 2014; CRUZ, 2008, 2012).

Da análise das experiências da alfabetização de Alice e Marina, destaco a importância de que, na construção de práticas de alfabetização, o(a) professor(a) saiba avaliar os conhecimentos que os alunos já possuem em relação à leitura e à escrita, para poder propor atividades que possibilitem que continuem a avançar em seus conhecimentos. Como abordado por Soares (2016, p. 351), alfabetizadores(as) saberão que procedimentos usar na orientação do processo de alfabetização da criança se tiverem conhecimento, por um lado, do *objeto* a ser aprendido, o sistema de representação alfabético e a norma ortográfica, por outro, dos *processos* cognitivos e linguísticos envolvidos na aprendizagem desse objeto.

Surge, então, a necessidade de se discutir, na formação docente (inicial e continuada), a questão da heterogeneidade de conhecimentos dos alunos e as possibilidades de trabalho pedagógico levando-se em consideração essa diversidade, como também já abordamos anteriormente. É importante que a escola, seja ela pública ou privada, assuma a responsabilidade pelos processos de ensino e aprendizagem dos alunos, compreendendo a heterogeneidade como algo constitutivo de qualquer turma da escola.

Na contramão dessa discussão, a Política Nacional de Alfabetização (Brasil, 2019b) propõe a adoção de métodos de abordagens fônicas como um dos meios para se vencer o fracasso escolar na alfabetização de crianças das redes públicas de ensino. O foco continua a ser, portanto, na homogeneização, na padronização e, também, no uso de materiais "estruturados", elaborados para que os professores apenas executem o conjunto de atividades propostas.

CAPÍTULO 5

PESQUISAS SOBRE PRÁTICAS DE ALFABETIZAÇÃO: ALGUMAS EVIDÊNCIAS CIENTÍFICAS IGNORADAS PELA PNA

Como já abordado anteriormente, a Política Nacional de Alfabetização (PNA), instituída pelo decreto n.º 9.765, de 11 de abril de 2019 (Brasil, 2019a), defende uma "alfabetização baseada em evidências" produzidas no campo das ciências cognitivas. Tomando como referência o relatório final "Alfabetização Infantil: os novos caminhos" (Brasil, 2003), elaborado a pedido da Comissão de Educação e Cultura da Câmara dos Deputados, a PNA tem, como um dos seus princípios, "a ênfase no ensino dos seis componentes essenciais para a alfabetização: consciência fonêmica, instrução fônica sistemática, fluência em leitura oral, desenvolvimento de vocabulário, compreensão de textos e produção escrita" (Brasil, 2019b, p. 40). Ela propõe, portanto, uma virada no tratamento da linguagem na escola, ao enfatizar a alfabetização vinculada exclusivamente ao método fônico e ao ensino explícito das correspondências entre fonemas e grafemas começando na educação infantil.

O documento da referida política não faz referência alguma a evidências de pesquisas desenvolvidas por pesquisadores brasileiros conhecidos nacionalmente e internacionalmente, como também ignora a produção científica desenvolvida nos programas de pós-graduação em Educação das universidades brasileiras. Como professora de um desses programas desde 2002, desenvolvi e orientei várias pesquisas na área de alfabetização.

Neste capítulo, vou apresentar algumas das pesquisas que analisaram práticas de alfabetização e as aprendizagens dos estudantes e, para isso, as organizai em três blocos: (1) pesquisas sobre práticas de alfabetização nos anos iniciais do ensino fundamental, principalmente em turmas do 1º ano; (2) pesquisas sobre o ensino da leitura e da escrita na educação infantil e (3) pesquisas sobre práticas de alfabetização na Educação de Jovens, Adultos e Idosos (EJAI).

Para a análise das práticas das professoras, tanto nas pesquisas que desenvolvi como nas que orientei, tomamos como referência a abordagem da construção dos saberes na ação (CHARTIER, 1998; 2000a; 2000b; WEISSER, 1998) e da fabricação do cotidiano (CERTEAU, 1990). Para análise das aprendizagens dos alunos e das alunas participantes das pesquisas, nos apoiamos, principalmente, nos estudos sobre a psicogênese da língua escrita.

Pesquisas sobre práticas de alfabetização nos anos iniciais do ensino fundamental

A primeira pesquisa que gostaria de apresentar já foi mencionada nos Capítulos 1 e 3 deste livro. Trata-se do trabalho desenvolvido por mim, pelo professor Artur Gomes de Morais e pela professora Andréa Tereza Brito Ferreira, entre 2003 e 2006, intitulado "Mudanças didáticas e pedagógicas nas práticas de alfabetização: que sugerem os novos livros didáticos? que dizem/fazem os professores?", estruturado em duas etapas. Nesta seção, apresentarei os dados da segunda etapa da pesquisa, que consistiu na análise do processo de construção de práticas de alfabetização de um grupo de professores que lecionavam na Secretaria de Educação da cidade do Recife.

O estudo das práticas docentes de alfabetização foi realizado com um grupo de nove professoras que lecionavam no 1º ano do 1º ciclo da Secretaria de Educação da cidade do Recife. Como procedimentos metodológicos, além de observações semanais de uma jornada de aulas das professoras, uma vez por mês eram realizados encontros de grupo focal (GUI, 2003) que tinham o objetivo de discutir as práticas observadas e refletir sobre alguns aspectos constitutivos do processo de alfabetização. Também aplicamos uma atividade de ditado de palavras com os alunos das professoras participantes da pesquisa para traçar um perfil de saída no que se refere à apropriação da escrita alfabética. Com base na análise de conteúdo (BARDIN, 1977), categorizamos todas as atividades realizadas em sala de aula nos dias observados, referentes a cada turma participante da pesquisa, e discutimos algumas dessas atividades (ou a ausência delas) nos encontros de grupo focal. A análise dos dados revelou que um grupo de professoras desenvolvia, além de atividades diárias de leitura de textos, uma *prática sistemática* de alfabetização que contemplava, diariamente, atividades de reflexão sobre o sistema de escrita alfabética, com ênfase em exercícios fonológicos que envolviam aliteração e rimas; enquanto outras professoras priorizavam o trabalho de leitura e produção coletiva de textos, desenvolvendo o que chamamos de *práticas pouco sistemáticas ou assistemáticas de alfabetização.*

A análise das escritas dos alunos na atividade do ditado de palavras, que tomou como referência os níveis de escrita propostos por Ferreiro e Teberosky (1984), mostrou que a maioria das crianças que estudava com as professoras do primeiro grupo concluiu o ano na hipótese alfabética de escrita, enquanto os alunos das professoras com *práticas assistemáticas* de alfabetização apresentaram, em sua maioria, hipóteses de escrita menos avançadas. A experiência vivenciada nos encontros mensais possibilitou que as docentes refletissem sobre suas práticas de ensino e, nesse processo, fossem recriando-as, na perspectiva do alfabetizar letrando.

Os dados desse estudo, publicados em artigo na *Revista Brasileira de Educação*, mostram, por um lado, o processo de "desinvenção da alfabetização" observado por Soares (2004), relacionado a práticas que priorizavam atividades de leitura e produção de textos, em detrimento do processo de apropriação da escrita alfabética e, por outro, professoras que em suas rotinas buscavam "reinventar a alfabetização" com práticas próximas à proposta de Soares (1998) de "alfabetizar letrando", em que o trabalho de apropriação da escrita alfabética se dá por meio de atividades mais reflexivas e lúdicas, e integrado a leitura e produção de textos.

Na mesma direção dos resultados desse estudo que acabei de relatar, algumas pesquisas que orientei (MORAES, 2006; 2015; CRUZ, 2008; 2012; COUTINHO-MONNIER, 2009; GAMA, 2014; PINTO, 2015; RAMALHO, 2019; SILVA, 2019) também revelaram que professoras de redes públicas desenvolviam práticas *sistemáticas* de alfabetização com base na perspectiva do "alfabetizar letrando". Algumas dessas pesquisas analisaram a relação entre as práticas de ensino e as aprendizagens dos alunos ao longo de um ano letivo. A dissertação de Daisinalva Moraes (2006), intitulada *As práticas de alfabetização de professoras da Rede Estadual de Ensino de Pernambuco e a formação de crianças alfabetizadas e letradas,* apontou que duas professoras que lecionavam em turmas do 1º ano de escolas da Rede Estadual de Ensino desenvolviam práticas sistemáticas de alfabetização que contemplavam a realização de atividades permanentes de leitura e de apropriação do sistema de escrita alfabética (atividades de identificação, comparação, composição e decomposição, contagem de letras e sílabas e formação de palavras). Quanto aos alunos, foi constatado um progresso no que se refere ao domínio do sistema de escrita alfabética (SEA) em ambas as turmas, uma vez que, antes mesmo do final do ano, a maioria das crianças tinha alcançado níveis mais elevados de compreensão da escrita. As duas professoras fabricavam suas práticas de alfabetização com o apoio dos materiais e orientações disponibilizados pelo projeto "Alfabetizar com sucesso",[26] e criavam táticas (CERTEAU, 1990) sustentadas pelos seus saberes e crenças, frutos de suas experiências e histórias como estudantes e profissionais.

A pesquisa de mestrado de Magna Cruz (2008), intitulada *Alfabetizar letrando: alguns desafios do 1º ciclo do Ensino Fundamental,* analisou a relação entre as práticas de alfabetização e as aprendizagens dos alunos ao longo do 1º ciclo, por meio de um estudo de

---

[26] O projeto "Alfabetizar com sucesso" era voltado para a formação de professores alfabetizadores e tinha como "objetivo desenvolver estratégias metodológicas e as condições materiais para o bom desempenho dos professores e o acompanhamento das aprendizagens dos alunos" (MORAES, 2006, p. 24).

caso, em uma escola da Secretaria de Educação do Recife, que se destacou em 2005 na *Prova Brasil*. A pesquisa foi desenvolvida em turmas do 1º, 2º e 3º anos do ensino fundamental e os procedimentos metodológicos envolveram a realização de observações de aulas, de entrevistas com as docentes e de atividades de avaliação diagnóstica das aprendizagens das crianças realizadas no início e no final do ano letivo. Os resultados apontaram que as professoras trabalhavam com leitura e produção textual, e com atividades de apropriação da escrita alfabética e da norma ortográfica, com práticas que podem ser consideradas como do "alfabetizar letrando". Quanto às aprendizagens das crianças, os dados indicaram que os alunos de todas as turmas evoluíram ao longo do ano, tanto no que se refere à escrita de palavras e de textos como nas atividades de leitura.

Com resultados diferentes desses estudos, algumas pesquisas (SANTOS, 2016; SILVA, 2019) revelaram práticas de alfabetização que contribuíram pouco para que os alunos avançassem em seus conhecimentos. Tais estudos apontaram, também, o papel da escola na garantia do direito dos alunos de aprenderem a ler e escrever sem precisar recorrer a programas de correção de fluxo que utilizam metodologias com atividades pouco reflexivas, como o programa "Se Liga", do Instituto Ayrton Sena, analisado por Viviane Dourado (2010) em sua dissertação de mestrado orientada pelo professor Artur Morais.

Priscila Santos (2016), em sua pesquisa de doutorado intitulada *Escola e família: investimentos e esforços na alfabetização de crianças*, buscou reconhecer os investimentos e esforços da escola e da família no processo de aprendizagem da leitura e da escrita de crianças do ciclo de alfabetização de uma escola da Rede Municipal do Recife. Para isso, acompanhou as atividades realizadas por cinco crianças da turma tanto na sala de aula como em casa, durante o segundo semestre do 1º ano do ensino fundamental e o ano letivo do 2º ano. Os dados foram coletados por meio de observação, entrevistas e análise documental, e pelo uso de recursos como fotografia e gravações de áudio. As crianças, no 1º ano, pouco avançaram em seus conhecimentos, e quatro delas concluíram o ano com hipótese pré-silábica de escrita. Essa turma vivenciou trocas de professoras ao longo do 1º ano, e as famílias, durante as entrevistas, relataram que percebiam o pouco avanço dos filhos e buscavam alternativas para ajudá-los. No 2º ano, a professora que iniciou o trabalho na turma não conseguiu prosseguir diante das dificuldades da maioria dos alunos e de sua inexperiência na área de alfabetização. A coordenadora pedagógica da escola, que era uma professora alfabetizadora experiente, assumiu a turma e conseguiu fazer os alunos avançarem em seus conhecimentos sobre a escrita ao longo do 2º ano. Para isso, fez uma avaliação diagnóstica para saber os conhecimentos dos alunos sobre o SEA e realizou atividades diversificadas que possibilitaram o avanço em suas aprendizagens. A maioria dos alunos concluiu o 2º ano com hipótese alfabética de escrita, lendo e produzindo textos, ainda que pequenos.

Essa pesquisa revela, por um lado, que o fracasso escolar de muitas das crianças das redes públicas de ensino não está, necessariamente, relacionado com a "omissão parental"[27] tão difundida nos meios pedagógicos, mas com um tipo de "omissão escolar" relacionada ao fato de alguns alunos passarem um ano letivo realizando atividades escolares que, em geral, não contribuem para que aprendam a ler e escrever. Por outro lado, o estudo também aponta para a importância do engajamento não só da professora, mas de toda a escola e mesmo das Secretarias de Educação com a alfabetização dos alunos. Em relação às práticas de alfabetização, essa pesquisa, ao analisar as atividades realizadas pelas cinco crianças nos dois anos do ciclo, aponta para a importância de a professora ou o professor saber avaliar os conhecimentos dos alunos para poder propor atividades diversificadas que os façam avançar em suas aprendizagens.

A pesquisa de doutorado de Nayanne Silva (2019), intitulada *Estudo de práticas de alfabetização face à heterogeneidade de conhecimentos sobre a escrita alfabética nos anos iniciais do Ensino Fundamental no Brasil e na França: relação entre práticas de ensino*

---

[27] Sobre o mito da "omissão parental", ver Lahire (2004), Batista e Carvalho-Silva (2013) e Diogo (2010).

e progressão das aprendizagens dos alunos, ao analisar práticas de alfabetização, com foco no trabalho com a heterogeneidade de conhecimentos das crianças sobre a escrita alfabética, em uma escola no Brasil (turmas do 1º, 2º e 3º anos do ensino fundamental) e na França (uma professora do CP, correspondente ao 1º ano do ensino fundamental do Brasil), também aponta para a importância de a professora ou o professor saber avaliar os conhecimentos dos alunos para propor atividades que possibilitem que progridam em suas aprendizagens. Para o desenvolvimento da pesquisa, foram realizadas observações das práticas docentes (quinze dias de aula em cada turma da escola de Recife e cinco dias na turma de Lyon), entrevistas semiestruturadas, diagnoses de escrita de palavras e textos com os alunos brasileiros e análise do caderno de atividades dos aprendizes franceses. A análise dos dados apontou que a professora do 1º ano da escola do Recife desenvolvia ações mais voltadas para o coletivo da sala e os esquemas profissionais[28] por ela utilizados careciam de ajustes, uma vez que a maioria dos alunos do 1º ano concluiu o ano letivo em hipóteses iniciais de escrita. Com relação às práticas das professoras do 2º e 3º anos, assim como da professora do CP na escola da França, os esquemas pareciam ser mobilizados de forma mais consciente, buscando atender aos diferentes conhecimentos de leitura e escrita da classe. Isso contribuiu para que praticamente todos os alunos avançassem em suas aprendizagens relacionadas à escrita. No caso da turma do CP da França, a maioria dos alunos iniciou o ano com hipótese alfabética de escrita, o que também foi evidenciado na pesquisa de Coutinho-Monnier (2009).

Os dados dessas pesquisas evidenciam práticas diferenciadas no que se refere ao trabalho no eixo da apropriação da escrita alfabética: algumas revelam as possibilidades da construção de um trabalho na perspectiva do "alfabetizar letrando" (SOARES, 1998), outras revelam situações em que os alunos progridem na escolarização sem que se garanta também uma progressão em suas aprendizagens.

---

[28] Sobre a noção de "esquemas profissionais", ver Goigoux (2007).

Com isso, muitos defendem o retorno aos métodos considerados "tradicionais" como forma de garantir que os alunos, submetidos a rotinas com ênfase na repetição e memorização de correspondências grafofônicas, aprendam a ler e escrever. É o que propõe, como abordado anteriormente, a PNA. O que dizem as pesquisas que avaliaram práticas de professores baseadas em métodos fônicos de alfabetização, como também em abordagens socioconstrutivistas? A seguir, apresentarei duas pesquisas de doutorado, desenvolvidas sob minha orientação, que buscaram analisar e comparar práticas de alfabetização com base em métodos sintéticos e em metodologias relacionadas ao alfabetizar letrando.

A primeira foi desenvolvida por Marília Coutinho-Monnier (2009) e teve o objetivo de investigar as práticas de ensino de professoras alfabetizadoras que adotavam livros didáticos com diferentes perspectivas metodológicas para o trabalho com a leitura e a escrita, buscando analisar como as docentes construíam e desenvolviam suas aulas, a maneira pela qual utilizavam os manuais didáticos e as possíveis relações existentes entre o ensino promovido por elas e o desempenho dos alunos em relação à aprendizagem da leitura e da escrita. Participaram do estudo oito professoras que lecionavam em redes públicas de ensino: duas em Jaboatão dos Guararapes (PE) e duas no Recife (PE), que usavam livros didáticos aprovados pelo PNLD 2004; duas em Teresina (PI), que seguiam o método fônico de alfabetização Alfa e Beto e duas professoras francesas que lecionavam em escolas na cidade de Paris (FR). Um grupo de 47 crianças, alunas das docentes observadas, também compôs a amostra. Os procedimentos metodológicos utilizados na pesquisa foram: observações de aulas, entrevistas com as docentes, análise dos manuais didáticos utilizados pelas mestras e aplicação de testes diagnósticos com um grupo de alunos de cada uma das professoras.

No que diz respeito às práticas docentes, a análise dos dados da referida pesquisa revelou que as duas professoras de Teresina centravam suas práticas de alfabetização no ensino mecânico das correspondências fonográficas e tentavam seguir "à risca" os manuais didáticos do programa Alfa e Beto. Já as quatro professoras de

Pernambuco e as duas da França desenvolviam atividades de alfabetização que priorizavam o trabalho de identificação, comparação, composição e decomposição de palavras, contagens de letras e sílabas, formação de palavras (presentes nos livros didáticos ou não), além da leitura frequente de livros literários e de textos curtos, lúdicos e rimados, que fazem parte da tradição oral. Quanto aos alfabetizandos, foi observado que todos os alunos brasileiros avançaram em suas hipóteses de escrita ao longo do ano letivo, mas percebeu-se que os alunos de Recife e Jaboatão dos Guararapes apresentaram avanços qualitativamente mais significativos não só no eixo de apropriação da escrita alfabética, mas também no de leitura e produção de textos, diferentemente dos alunos das professoras que seguiam o Alfa e Beto, que concluíram o ano sem produzir textos, mesmo os que começaram o ano com hipótese alfabética de escrita. Em relação à amostra francesa, um dado que chamou a atenção foi o fato de todos os alunos iniciarem o CP (correspondente ao 1º ano do ensino fundamental de nove anos no Brasil) com hipóteses silábico-alfabéticas ou alfabéticas de escrita.

Mais recentemente, Daisinalva Moraes (2015) desenvolveu uma pesquisa de doutorado que teve o objetivo de compreender a construção de práticas de alfabetização de um professor alfabetizador de uma escola de um município de Pernambuco no contexto dos programas Alfa e Beto e PNAIC, em suas diferentes orientações pedagógicas, em dois anos consecutivos, e o desenvolvimento das aprendizagens da leitura e da escrita por seus alunos. A pesquisa caracterizou-se como um estudo de caso longitudinal. Os procedimentos metodológicos envolveram a análise documental de cada programa, a realização de entrevistas com o professor e observações da prática docente ao longo de dois anos (2012 e 2013), e a aplicação de atividades de escrita de palavras e produção de textos com os alunos das turmas observadas. A análise documental apontou que o Alfa e Beto era um programa "estruturado", com concepções associacionistas de aprendizagem e a proposta de materialização da alfabetização organizada a partir de uma rotina com uso de materiais didáticos na perspectiva do método fônico. O Programa Nacional de Alfabetização na Idade Certa

(PNAIC) era um programa de formação continuada de professores baseado em concepções socioconstrutivistas de aprendizagem com ênfase na alfabetização na perspectiva do "alfabetizar letrando". Propunha o desenvolvimento de práticas de alfabetização com uso de materiais diversos (livros de literatura, livro didático, jogos, entre outros), organizados em rotinas a partir dos eixos de ensino da Língua Portuguesa articulados às demais disciplinas.

Em relação às práticas do professor, observou-se que, no primeiro ano da pesquisa, ele usava todos os dias, e na maior parte do dia, o livro didático do programa Alfa e Beto (livro *Aprender a ler*), que era uma exigência da Secretaria de Educação, mas substituía a análise fonêmica pelo trabalho com o nome das letras. No segundo ano (2013), o professor participou da formação continuada do PNAIC, e buscou construir uma rotina com base nas orientações do referido programa. No trabalho de apropriação do sistema de escrita alfabética, passou a contemplar a leitura de textos da tradição oral e a realização de atividades fonológicas, como a exploração de rimas presentes nesses textos. A análise das aprendizagens das crianças demonstrou que, no primeiro ano, a maioria dos alunos (57%) já iniciou o ano letivo em níveis avançados da escrita (silábico-alfabético e alfabético) e 79% dos alunos apresentaram escritas alfabéticas no final do ano. Nesse sentido, os avanços aconteceram com as crianças que já estavam fonetizando a escrita, visto que aquelas que iniciaram o ano com hipótese pré-silábica não avançaram. Em relação ao segundo ano (2013), observou-se que 65% das crianças iniciaram o ano em níveis iniciais (pré-silábico e início de fonetização), e 70% concluíram o ano apresentando escritas silábico-alfabéticas e alfabéticas. Nessa perspectiva, o trabalho desenvolvido sob orientação do PNAIC, com ênfase em atividades fonológicas aliadas à leitura e produção de textos, apresentou melhores resultados em termos das aprendizagens dos alunos.

Os dados apresentados nessas pesquisas mostram que é possível, sim, no processo de "reinvenção da alfabetização", realizar um trabalho mais sistemático de apropriação da escrita alfabética com crianças do 1º ano do ensino fundamental que supere o ensino transmissivo e repetitivo de correspondências fonográficas. Um trabalho que leve a criança a refletir sobre o funcionamento da escrita alfabética por meio de atividades lúdicas e significativas e que, ao mesmo tempo, amplie as experiências de letramento dos alunos ao contemplar a leitura e escrita de textos de diferentes gêneros. Um trabalho que proponha a exploração de diferentes textos, sobretudo daqueles da tradição oral, e a realização de jogos e atividades que envolvam a reflexão sobre diferentes aspectos da língua, principalmente os que envolvem análise fonológica.

Os resultados de algumas dessas pesquisas apontaram, também, que, em algumas turmas do 1º ano de escolas públicas do Brasil e da França, alguns alunos (ou a maioria, no caso da escola francesa) já iniciavam o 1º ano apresentando hipóteses mais avançadas em relação à apropriação do sistema alfabético, compreendendo que a escrita representa a pauta sonora das palavras, o que indica que construíram esses conhecimentos na educação infantil. Algumas das pesquisas que desenvolvi e orientei investigaram as práticas de ensino da leitura e da escrita nessa primeira etapa da escolarização. Apresentarei, na próxima seção, alguns desses estudos.

Pesquisas sobre o ensino da leitura e da escrita na educação infantil

Entre as pesquisas sobre práticas de alfabetização que orientei, duas dissertações de metrado tiveram como objeto de investigação o ensino da leitura e da escrita no último ano da educação infantil. A pesquisa de Socorro Aquino (2008), intitulada *O trabalho com consciência fonológica na Educação Infantil e o processo de apropriação da escrita pelas crianças*, envolveu duas professoras que lecionavam na Rede Municipal do Recife. Como procedimentos metodológicos foram realizadas entrevistas e observações da prática das professoras e, no início e no final do ano, foram conduzidas atividades de escrita de palavras com os alunos das duas turmas para avaliar os conhecimentos que eles tinham sobre o nosso sistema de escrita alfabética. Os resultados da pesquisa indicaram práticas diferenciadas de ensino da linguagem e uma diferença nos desempenhos dos alunos nas atividades de escrita de palavras. Uma das professoras desenvolvia uma prática que envolvia, além da hora do conto realizada diariamente, a leitura de gêneros que faziam parte do universo infantil – parlendas, cantigas, poemas – ao mesmo tempo em que explorava algumas características desses textos, como as rimas. No caso da turma dessa docente, constatou-se uma evolução no que se refere à compreensão da escrita alfabética das crianças, uma vez que a maioria delas concluiu o ano com hipótese silábica de escrita. A outra professora também realizava um trabalho diário de leitura de textos na perspectiva do letramento, mas, no que se refere ao ensino da escrita alfabética, realizava atividades de leitura e cópia de padrões silábicos de palavras chaves extraídas dos textos. No grupo dessa professora, a maioria concluiu o ano com hipóteses iniciais de escrita, sem compreender que a escrita representa a pauta sonora das palavras.

Amara Lima (2010), por sua vez, na dissertação intitulada *Educação Infantil e alfabetização: um olhar sobre diferentes práticas de ensino*, também investigou práticas de ensino da leitura e da escrita desenvolvidas por duas professoras que trabalhavam em turmas do último ano da educação infantil: uma ensinava em uma escola da rede pública de ensino da cidade do Recife, e a outra trabalhava em uma escola privada da cidade de Olinda, localizada em uma comunidade carente. As duas professoras trabalhavam, portanto, com crianças de meio social menos favorecido. A professora da rede privada desenvolvia uma prática de ensino centrada em um livro didático de base silábica e realizava, diariamente, atividades de cópia e leitura para a memorização de sílabas e palavras com os "padrões silábicos" trabalhados, tal como descrito na perspectiva da "obrigação da alfabetização" identificada por Brandão e Leal (2010). A professora da rede pública da cidade do Recife desenvolvia tanto as atividades que contemplavam a leitura de livros de literatura e textos da tradição oral como as que levavam os alunos a refletirem sobre os princípios do sistema de escrita alfabética, envolvendo jogos e brincadeiras com a língua. A análise das escritas infantis apontou que a turma da rede pública obteve melhores resultados em relação ao outro grupo da escola privada, uma vez que todos os alunos concluíram o ano letivo demonstrando reconhecer que a escrita tem relação com a pauta sonora das palavras, enquanto 46% das crianças da escola da rede privada apresentaram, no final do ano, hipóteses iniciais de escrita.

Em 2010, durante meu primeiro estágio de pós-doutorado na Université Paris 8, desenvolvi uma pesquisa que tinha como um dos objetivos analisar práticas de ensino da leitura e da escrita em turmas da educação infantil na França. De janeiro a junho, fiz observações em uma turma da Grande Section em uma escola na periferia de Paris, que atendia a uma população carente, cujos alunos eram, em sua maioria, filhos de imigrantes. Seguindo as orientações das prescrições oficiais (REPUBLIQUE FRANÇAISE, 2008), a professora realizava atividades fonológicas diversas, por meio de jogos, exploração de textos rimados e atividades de identificação de palavras que apresentavam determinados sons. A leitura de livros de literatura também se fazia presente, assim como o trabalho com outros textos, como receitas e relatos. No final do ano letivo (em junho), por meio de uma atividade de escrita de palavras realizada com os alunos, constatamos que todos concluíram o ano com níveis mais avançados de compreensão sobre a escrita alfabética, percebendo que a escrita representa os sons das palavras (ALBUQUERQUE; FERREIRA, 2020).

Em 2011, no âmbito da pesquisa do meu pós-doutorado intitulada *Práticas de ensino da leitura e da escrita no último ano da Educação Infantil: o que fazem professores e alunos no Brasil e na França?*, realizei um estudo com o objetivo de analisar práticas de ensino da leitura e da escrita em turmas do último ano da educação infantil em escolas da rede pública e privada, cujos professores trabalhassem em uma perspectiva socioconstrutivista e interacionista. A escolha das escolas e turmas investigadas se baseou no critério das práticas desenvolvidas pelas escolas e professoras. Buscamos docentes que desenvolviam um trabalho com leitura e produção de textos e que propunham, também, atividades voltadas à apropriação da escrita alfabética em uma perspectiva lúdica e reflexiva. Como procedimentos metodológicos, realizamos observações de práticas nas duas turmas, entrevistas com as professoras e atividades de escrita de palavras com os alunos no início e no final do ano letivo. Também analisamos todas as atividades que os alunos fizeram ao longo do ano. A escolha da professora da rede pública se deu pelo fato de ela também ensinar na mesma escola da professora da rede privada e ter explicitado que tentava fazer com os alunos da rede pública um trabalho parecido com o que era feito nessa escola da rede privada. A análise dos dados revelou que as duas professoras trabalhavam com projetos didáticos, realizavam leituras de livros literários diariamente e faziam atividades diferenciadas no eixo da apropriação do SEA, muitas delas relacionadas aos projetos didáticos. No que se refere às aprendizagens dos alunos, todas as crianças avançaram em seus conhecimentos sobre a escrita e a maioria dos alunos de ambas as turmas concluiu o ano compreendendo que a escrita nota/representa a pauta sonora das palavras.

Os dados dessas pesquisas indicam que é possível desenvolver, desde a educação infantil, um trabalho com a linguagem escrita que envolva tanto a leitura e produção de diferentes textos como situações em que as crianças possam refletir sobre alguns dos princípios do nosso sistema de escrita. Nessa perspectiva, temos defendido, em parceria com Brandão e Rosa (2010; 2021), que o processo de alfabetização já tem início na educação infantil e que as crianças podem aprender sobre o SEA "brincando com a língua" e refletindo sobre as palavras, tal como vimos nas práticas de algumas professoras observadas nas pesquisas citadas acima. Essas atividades reflexivas podem ser feitas de diferentes formas: com jogos; por meio da leitura de livros de literatura e de textos da tradição oral que exploram o estrato sonoro da linguagem; no momento da chamada dos nomes das crianças escritos em cartões; em atividades que envolvam esses nomes ou outras palavras significativas que podem se tornar "estáveis"; entre outras possibilidades. Atividades como essas são bem distintas daquelas observadas na sala da professora da escola da rede privada da pesquisa de Lima (2010), cujos alunos vivenciavam, diariamente, uma rotina como a cantada por Chico Buarque, em que "todo dia eles faziam tudo sempre igual". Sim, todo dia, toda semana, as crianças faziam as mesmas atividades de cópia e memorização de sílabas e padrões silábicos. A mudança ocorria apenas nas sílabas ensinadas a cada semana. Não foi essa rotina que busquei para minhas filhas, quando pude escolher a escola onde elas iriam se alfabetizar, como foi relatado no Capítulo 4 deste livro. Não é essa a rotina que eu quero para as crianças, jovens, adultos e idosos em processo de alfabetização. Apresentarei, a seguir, algumas pesquisas sobre práticas de alfabetização na EJAI.

Pesquisas sobre práticas de alfabetização na EJAI

No conjunto de pesquisas que desenvolvi e orientei, também estão as que analisaram práticas de alfabetização em turmas da Educação de Jovens, Adultos e Idosos (EJAI), seja no ensino regular promovido pelas Secretarias de Educação, seja no âmbito do programa Brasil Alfabetizado.

No período de 2007 a 2010, eu e a professora Andréa Tereza Brito Ferreira coordenamos uma pesquisa financiada pelo CNPq[29] intitulada "A relação entre práticas de alfabetização de adultos e a aprendizagem do sistema de escrita alfabética por alunos analfabetos". A pesquisa teve o objetivo de analisar as práticas de alfabetização de professores da Educação de Jovens e Adultos (EJA) e a relação dessas práticas com a aprendizagem dos alunos no que se refere à apropriação do SEA, buscando identificar procedimentos novos e tradicionais. O estudo envolveu dois grupos de professoras de alfabetização de EJA: o primeiro foi composto por quatro professoras que lecionavam em turmas regulares de alfabetização de jovens e adultos (dois da Secretaria de Educação da cidade do Recife e dois da Rede Municipal de Ensino de Camaragibe); e o segundo correspondeu a um grupo de seis professoras que faziam parte do programa Brasil Alfabetizado e que vivenciaram um trabalho de formação continuada desenvolvido pelo Centro de Estudos em Educação e Linguagem

---

[29] Chamada: Ed 032008 Hum/Soc/Ap, Número do processo: 401906/2008-6.

(CEEL) em parceria com a Secretaria de Educação à qual estavam vinculados. Como procedimentos metodológicos foram realizadas observações de aulas, entrevistas e atividades de escrita de palavras com alguns alunos no início e no final do ano letivo.

Após a análise das observações realizadas na sala de cada professora, percebemos que cinco docentes (duas do Brasil Alfabetizado e três da Rede Municipal do Recife) desenvolviam práticas com ênfase na leitura de textos de literatura infantil e no trabalho com famílias silábicas e/ou leitura e cópia de palavras. A outra professora da Secretaria de Educação do Recife desenvolvia práticas de ensino da língua com foco na leitura de textos e escrita de frases e palavras, pressupondo que os alunos já sabiam ler e escrever. Já as outras quatro professoras, que eram do Brasil Alfabetizado, trabalhavam na perspectiva do "alfabetizar letrando", que era a abordagem adotada no trabalho de formação continuada que vivenciavam no referido programa. Essas quatro desenvolviam diariamente atividades variadas que envolviam leitura de textos e reflexão sobre os princípios do SEA. Nesse sentido, elas possibilitavam que os alunos, ao mesmo tempo em que estavam aprendendo sobre a escrita alfabética, ampliassem suas experiências de letramento. Já as outras professoras centravam suas aulas na leitura de textos (muitas vezes voltados para o público infantil), no trabalho com leitura e escrita de palavras e, em alguns casos, ensino de famílias silábicas. Os alunos participavam da discussão sobre os textos (quando era o caso), mas os que não sabiam ler se recusavam a ler palavras quando solicitados, expressando que não sabiam ler. Os resultados dessa pesquisa foram publicados em artigos e capítulos de livros (FERREIRA *et al.*, 2013; ALBUQUERQUE; FERREIRA; MORAIS, 2010; ALBUQUERQUE; FERREIRA, 2008).

A pesquisa de mestrado de Josemar Guedes Ferreira (2013), intitulada *"Jesus vai voltar e eu não aprendo a ler": práticas de leitura e escrita de mulheres em condição de analfabetismo*, analisou práticas de leitura e escrita de mulheres analfabetas no contexto da escola e da igreja. Participaram da pesquisa seis mulheres alunas do programa Brasil Alfabetizado e a professora da turma que elas frequentavam, em uma comunidade de Jaboatão dos Guararapes (PE). Como procedimentos metodológicos, realizaram-se observações de aulas e de eventos da igreja nos quais três dessas mulheres participavam; entrevistas com as alunas e com a professora ao longo das observações e aplicação de uma atividade diagnóstica de escrita de palavras no início e no final do curso, que teve a duração de oito meses. Os dados da pesquisa revelaram que as alunas, ao ingressarem no programa, já tinham conhecimentos sobre a escrita e se encontravam na hipótese silábico-alfabética de acordo com a abordagem da *psicogênese da língua escrita*. Além disso, observou-se que as mulheres lidavam com a leitura, muito mais do que com a escrita, em eventos de letramento da Igreja. Na escola, no entanto, elas se depararam com atividades pedagógicas que não as ajudaram a avançar em seus conhecimentos, uma vez que a maioria delas concluiu o ano na mesma hipótese de escrita que já tinham ao ingressar no programa. As atividades de alfabetização envolviam, principalmente, a escrita de palavras que começavam com determinada letra e a separação silábica de palavras. Em relação à leitura de textos, ela não era realizada diariamente. A alfabetizadora não proporcionou às alunas a leitura de textos que faziam parte de suas experiências fora da escola – no caso, na igreja –, ou a leitura de textos que poderiam ser interessantes para ampliar as experiências de letramento das alunas, como os literários. Atividades de produção de textos não foram vivenciadas ao longo das observações. Enfim, a análise dos dados da pesquisa apontou que as mulheres analfabetas tinham conhecimentos de mundo, que envolviam também aqueles relacionados com o sistema de escrita e seus usos, mas, ao concluírem o programa Brasil Alfabetizado, suas expectativas de aprender a ler e escrever não foram atendidas e elas continuavam se achando analfabetas ou, no caso de duas delas, tomaram consciência desse estado.

Os alunos de EJAI, quando ingressam em turmas de alfabetização, querem aprender a ler e escrever; eles querem, como falou Seu Aguinaldo,[30] um dos alunos do Brasil Alfabetizado, compreender

---

[30] Para conferir o depoimento de Seu Aguinaldo, ver Albuquerque, Morais e Ferreira (2010).

melhor o que significa aquele conjunto de letras e como essas letras, juntas, podem formar palavras. Aprender a ler e escrever de forma autônoma, sem depender de outras pessoas, é um direito que precisa ser assegurado. Para isso, as turmas de alfabetização da EJAI precisam contemplar tanto a leitura e produção de textos como atividades que permitam que os alunos avancem em seus conhecimentos sobre a escrita e possibilitem que venham a ler e a escrever, com autonomia, textos em diferentes situações.

CONSIDERAÇÕES FINAIS

Nesta última parte do livro, buscarei responder, com base no que foi apresentado e discutido nos diferentes capítulos, à questão presente em seu título: *qualquer maneira de alfabetizar vale a pena?*

Para início de conversa, precisamos considerar que não só vale a pena, mas é necessária uma *alfabetização* que garanta o direito de todas as pessoas de aprender a ler e escrever. Infelizmente, em pleno século XXI, convivemos ainda, em nosso país, com o fenômeno do fracasso escolar, que atinge, sobretudo, crianças de escolas públicas. Pesquisas, como algumas apresentadas no Capítulo 5, apontam para o fato de muitos estudantes concluírem o 3º ano do ensino fundamental sem o domínio da leitura e da escrita. Vários fatores se relacionam a esse fenômeno e, dentre eles, apontamos para algumas práticas de ensino da leitura e da escrita que pouco contribuem para que os estudantes avancem em suas aprendizagens. Voltamos nossa atenção, portanto, para as práticas de alfabetização e, nesse sentido, podemos ampliar a pergunta presente no título deste livro: *qualquer maneira de alfabetizar vale a pena, desde que os estudantes aprendam a ler e escrever?*

Falar em alfabetização, historicamente, é falar nos diferentes métodos de alfabetização de base sintética (alfabético, fônico e silábico) e analítica (palavração, sentenciação, global), que estiveram – e ainda estão – presentes em muitas práticas de ensino da alfabetização. Tomando a distinção que a professora Anne-Marie Chartier (1998) faz entre mudanças didáticas e pedagógicas, consideramos que, do ponto de vista didático, tais métodos se baseiam em uma perspectiva de alfabetização como o ensino da codificação e decodificação, realizado por meio de práticas pedagógicas com foco em abordagens behavioristas e associacionistas de ensino-aprendizagem, com ênfase na memorização, repetição e combate aos erros dos alunos. Pedagogicamente, as práticas de alfabetização envolviam/envolvem o uso de cartilhas de base sintética ou analítica, e um trabalho na perspectiva da homogeneização.

Muitas de nós, professoras e pesquisadoras da área de alfabetização, nos alfabetizamos por meio desses métodos e possuímos memórias afetivas positivas – ou não – dessas experiências. Mas em pleno século XXI, em que as crianças, mesmo antes de aprenderem a ler e escrever, vivenciam diferentes situações de leitura e escrita, vale alfabetizar pelo método fônico, como propõe a Política Nacional de Alfabetização publicada em 2019? Vale propor para as crianças uma "rotina" como a da música de Chico Buarque, em que "todo dia ela faz tudo sempre igual", em que se muda apenas os sons/padrões silábicos trabalhados a cada semana? Vale ensinar a ler e escrever com base em textos cartilhados do tipo "Ivo viu a uva", "O bebê bebe" e "Aleluia, eu leio"?

A resposta para essas perguntas é NÃO. O que foi bom e funcionou, para uma parcela da população, em outros tempos, não é o melhor nos dias de hoje, quando não temos as mesmas crianças nas escolas, nem as mesmas escolas, professores, materiais didáticos, políticas públicas e referenciais teórico-metodológicos no campo da alfabetização. Vivenciamos, nas últimas décadas do século passado, uma mudança paradigmática nesse campo por influência, sobretudo, dos estudos da *psicogênese da língua escrita* e do letramento. A alfabetização passou a ser tratada não apenas como a aquisição de um código, mas como a apropriação de um sistema de escrita alfabética, e foi associada às práticas sociais de leitura e escrita (ao letramento).

Mas para romper com essa rotina em que se priorizam as atividades repetitivas de memorização e cópia de letras/fonemas, sílabas e palavras, desde a educação infantil e, principalmente, nos primeiros anos do ensino fundamental, vale propor a não sistematização do ensino da leitura e da escrita e deixar que as crianças, de forma espontânea e apenas inseridas em atividades de leitura e produção de textos, aprendam a ler e escrever cada uma a seu ritmo, como propõem alguns autores e documentos oficiais?

A resposta a essa pergunta também é NÃO. A crítica aos métodos tradicionais e a divulgação das teorias construtivistas e sociointeracionistas de ensino-aprendizagem levaram a uma compreensão de que apenas com a imersão em práticas de leitura e produção de textos os alunos se apropriariam da escrita alfabética e aprenderiam a ler e escrever. Houve, então, uma tendência ao apagamento da faceta linguística da alfabetização, como apontado por Magda Soares (2004), observado nos livros didáticos aprovados nas primeiras edições do PNLD, em documentos curriculares oficiais como os Parâmetros Curriculares Nacionais (PCN) e as Diretrizes Curriculares Nacionais, e em práticas de alfabetização que não sistematizavam o trabalho no eixo da apropriação da escrita alfabética (Albuquerque; Morais; Ferreira, 2008).

Então, *que maneira de alfabetizar vale a pena*?

A primeira forma de responder a essa pergunta é defendendo a não existência de apenas uma maneira de alfabetizar que valha a pena. Não há o melhor método ou o mais eficaz, como nos faz crer a atual Política Nacional de Alfabetização (Brasil, 2019b). A melhor maneira de se alfabetizar também não pode ser relacionada ao uso de sistemas apostilados de ensino presentes atualmente em diferentes secretarias de educação, que propõem práticas padronizadas, controladas e monitoradas de alfabetização, com foco no desenvolvimento de habilidades de leitura e escrita que capacitem os alunos para as avaliações nacionais e internacionais. Portanto, não vale um ensino padronizado pelo uso de materiais "estruturados" que transformam o professor em executor de tarefas, na "falsa ideia" de que se todos os alunos de uma escola ou rede de ensino aprenderem, na mesma semana, os mesmos sons, no final do ano estarão alfabetizados. Dados de pesquisas que apresentamos em alguns capítulos deste livro justificam a crítica a essa maneira de alfabetizar.

Defendemos, e buscamos discutir ao longo do livro, que há, sim, maneiras de alfabetizar que "valem a pena", maneiras essas relacionadas à construção de práticas de alfabetização na perspectiva do "alfabetizar letrando" (SOARES, 1998; 2020). Práticas que rompem com a concepção de escrita como código e com o ensino voltado para a "codificação" e "decodificação". Práticas que buscam integrar, desde a educação infantil, as diferentes facetas da alfabetização, propondo um trabalho de apropriação da escrita alfabética articulado com propostas de leitura e produção de diferentes gêneros. Práticas que têm como foco a heterogeneidade de conhecimentos dos alunos, e que buscam garantir que todos avancem em suas aprendizagens. Práticas que envolvam o uso de diferentes recursos didáticos (livros de literatura, livros didáticos, jogos, dicionários...), em rotinas planejadas pelos docentes levando em consideração o perfil sociocultural de seus alunos, assim como seus conhecimentos.

Como professora do Centro de Educação, membro fundador do CEEL e integrante do Núcleo de Educação e Linguagem da Pós-Graduação em Educação da UFPE, tenho participado, junto com colegas docentes da minha e de outras universidades/faculdades e da educação básica de diferentes redes de ensino, da construção de práticas escolares de alfabetização em nosso país alimentada de trocas, de crenças e de respeito aos alunos e professores; práticas alicerçadas em políticas públicas que investiram na formação inicial e continuada dos/das professores/professoras, que garantiram um piso salarial aos docentes da educação básica; que equiparam as escolas e salas de alfabetização das redes públicas de ensino com jogos, livros de literatura e paradidáticos, dicionários, livros para os professores e livros didáticos escolhidos por eles. Práticas que, quando foram objeto de investigações científicas, revelaram que os aprendizes avançavam em seus conhecimentos sobre a escrita realizando atividades lúdicas, reflexivas e significativas, e que, por isso, a meu ver, correspondem a "maneiras de alfabetizar que valem a pena".

Enfim, se na música "Paula e Bebeto", composta por Caetano Veloso e Milton Nascimento, "qualquer maneira de amor vale a pena, e qualquer maneira de amor valerá", no que se refere às práticas de alfabetização, temos defendido que valem a pena as "maneiras de alfabetizar" que respeitam a autonomia docente e as subjetividades dos sujeitos aprendizes, sejam eles crianças, jovens, adultos ou idosos.

REFERÊNCIAS

ALBUQUERQUE, E. B. C. *Apropriações de propostas oficiais de ensino de leitura por professores: o caso do Recife*. 2002. Tese (Doutorado em Educação) – Programa de Pós-Graduação em Educação, Faculdade de Educação, Universidade Federal de Minas Gerais, Belo Horizonte, 2002.

ALBUQUERQUE, E. B. C.; BRANDÃO, A. C. P. Jogos e brincadeiras com palavras: há lugar para atividades de análise fonológica na Educação Infantil? In: BRANDÃO, A. C. P.; ROSA, E. C. de S. (Orgs). *Leitura e escrita com crianças de 4 e 5 anos: caderno de mediações pedagógicas: manual do professor*. Pernambuco: Secretaria de Educação e Esportes, 2020. p. 113-135.

ALBUQUERQUE, E. B. C.; FERREIRA, A. T. B. A construção/fabricação de práticas de alfabetização em turmas de Educação de Jovens e Adultos (EJA). *Educação* (UFSM), on-line, v. 33, p. 425-439, 2008.

ALBUQUERQUE, E. B. C.; FERREIRA, A. T. B. Práticas de ensino da leitura e da escrita na Educação Infantil no Brasil e na França e os conhecimentos das crianças sobre a escrita alfabética. *Educação em Revista*, on-line, v. 36, p. 1-33, 2020.

ALBUQUERQUE, E. B. C.; MORAIS, A. G.; FERREIRA, A. T. B. As práticas cotidianas de alfabetização: o que fazem as professoras? *Revista Brasileira de Educação*, on-line, v. 13, n. 38, maio/ago. 2008.

ALBUQUERQUE, E. B. C.; FERREIRA, A. T. B; MORAIS, A. G. A relação entre alfabetização e letramento na Educação de Jovens e Adultos: questões conceituais e seus reflexos nas práticas de ensino e nos livros didáticos. In: LEAL, T. F.; ALBUQUERQUE, E. B. C.; MORAIS, A. G (Orgs.). *Alfabetizar letrando na EJA: fundamentos teóricos e propostas didáticas*. Belo Horizonte: Autêntica, 2010. p. 21-30.

ALBUQUERQUE, E. B. C.; LEAL, T. F. Jogos: alternativas didáticas para brincar alfabetizando (ou alfabetizar brincando?). In: *Alfabetização: apropriação do Sistema de Escrita Alfabético.* Belo Horizonte: Autêntica, 2005. p. 111-132.

ALBUQUERQUE, E. B. C.; LEITE, T. M. R. Explorando as letras na Educação Infantil. In: BRANDÃO, A. C. P.; ROSA, E. C. S. *Ler e escrever na Educação Infantil: discutindo práticas pedagógicas.* 1. ed. Belo Horizonte: Autêntica, 2010. p. 93-115.

BARDIN, L. *Análise de Conteúdo.* Lisboa: Edições 70, 1977.

BATISTA, A. A. G.; CARVALHO-SILVA, H. H. *Família, escola, território vulnerável.* São Paulo: CENPEC, 2013.

BRANDÃO, A. C. P.; LEAL, T. F. Alfabetizar e letrar na Educação Infantil: o que isso significa? In: BRANDÃO, A. C. P.; ROSA, E. (Orgs). *Ler e Escrever na Educação Infantil: discutindo práticas pedagógicas.* Belo Horizonte: Autêntica, 2010. p. 13-31.

BRANDÃO, A. C. P.; ALBUQUERQUE, E. B. C. A aprendizagem das letras na Educação Infantil: as *inimiguinhas* em ação? In: BRANDÃO, A. C. P.; ROSA, E. (Orgs). *A aprendizagem inicial da língua escrita com crianças de 4 e 5 anos: mediações pedagógicas.* Belo Horizonte: Autêntica, 2021. p. 87-113.

BRASIL. *Decreto n.º 9.765, de 11 de abril de 2019.* Institui a Política Nacional de Alfabetização. Diário Oficial da União. 11 abr. 2019a.

BRASIL. Ministério da Educação. Secretaria de Alfabetização. *Política Nacional de Alfabetização (PNA),* MEC, SEALF, 2019b.

BRASIL. Ministério da Educação. Secretaria de Alfabetização. *Política Nacional de Alfabetização (PNA).* Brasília, MEC, SEALF, 2019b.

CARRAHER, T. N.; REGO, L. L. B. Desenvolvimento Cognitivo e Alfabetização. *Revista Brasileira de Estudos Pedagógicos,* Brasília, v. 65, n. 149, p. 38-55, 1984.

CERTEAU, M. de. *L'invention du quotidien.* 2. ed. Paris: Gallimard, 1990.

CHARTIER, A.-M. L'expertise enseignante entre savoirs pratiques et savoirs théoriques. *Recherche et Formation: Les savoirs de la pratique: un enjeu por la recherche et la formation,* INRP, n. 27, p. 67-82, 1998.

CHARTIER, A.-M. Un dispositif sans auteur: cahiers et classeurs à l'école primaire. *Hermès: La Revue,* Paris, n. 25, p. 207-218, 1999.

CHARTIER, A.-M. Fazeres ordinários da classe: uma aposta para a pesquisa e para a formação. *Educação e Pesquisa*, São Paulo, v. 26, n. 2, p. 157-168, jul./dez. 2000a.

CHARTIER, A.-M. Réussite, échec et ambivalence de l'innovation pédagogique: le cas de l'enseignement de la lecture. *Recherche et Formation pour les professions de l'éducation. Innovation et réseaux sociaux*, INRP, n. 34, p. 41-56, 2000b.

CHARTIER, A.-M. Um dispositivo sem autor: cadernos e fichários na escola primária. *Revista Brasileira de História da Educação*, on-line, n. 3, p. 9-26, jan./jun. 2002.

COELHO, J. *A experiência do ciclo de alfabetização (1986-1988) na formação dos professores da rede municipal de ensino de Recife: algumas reflexões*. UFPE, 2008. Dissertação (Mestrado em Educação) – Programa de Pós-Graduação em Educação, Universidade Federal de Pernambuco, 2008.

COUTINHO-MONNIER, M. de L. *Práticas de alfabetização com uso de diferentes manuais didáticos: o que fazem professores no Brasil e na França? O que os alunos aprendem?* 2009. Tese (Doutorado em Educação), – Programa de Pós-Graduação em Educação, Universidade Federal de Pernambuco, 2009.

CRUZ, M. do C. S. *Alfabetizar letrando: alguns desafios do 1º ciclo do Ensino Fundamental*. UFPE, 2008. Dissertação (Mestrado em Educação) – Programa de Pós-Graduação em Educação, Universidade Federal de Pernambuco, 2008.

CRUZ, M. do C. S. *Tecendo a alfabetização no chão da escola seriada e ciclada: a fabricação das práticas de alfabetização e a aprendizagem da escrita e da leitura pelas crianças*. 2012. Tese (Doutorado em Educação), – Programa de Pós-Graduação em Educação, Universidade Federal de Pernambuco, 2012.

DIOGO, A. M. Do envolvimento dos pais ao sucesso escolar dos filhos: mitos, críticas e evidências. *Revista Luso-Brasileira de Sociologia da Educação*. [*S. l.*], n. 1, p. 71-96, 2010.

DOURADO, V. C. de A. *O atendimento a crianças com dificuldades de alfabetização: práticas de professores e material didático do programa Se Liga*. UFPE, 2010. Dissertação (Mestrado em Educação) – Programa de Pós-Graduação em Educação, Universidade Federal de Pernambuco, 2010.

FÁVERO, M. de L. de A.; BRITTO, J. de M. (Orgs.). *Dicionário de Educadores no Brasil: da Colônia aos dias atuais*. 2. ed. aumentada. Rio de Janeiro: Ed. da UFRJ, MEC/INEP/COMPED, 2002.

FERREIRA, A. T. B. *et al.* Livros de Alfabetização: como as mudanças aparecem? In: VAL, M. da G. C. (Org.). *Alfabetização e língua portuguesa: livros didáticos e práticas pedagógicas.* Belo Horizonte: Autêntica, 2009. p. 38-51.

FERREIRA, A. T. B.; ALBUQUERQUE, E. B. C. O cotidiano escolar: reflexões sobre a organização do trabalho pedagógico na sala de aula In: FERREIRA, A.; ROSA, E. *O fazer cotidiano na sala de aula: a organização do trabalho pedagógico no ensino da língua materna.* 1. ed. Belo Horizonte: Autêntica, 2012. p. 13-29.

FERREIRA, A. T. B. *et al.* Práticas dos professores alfabetizadores da EJA: o que fazem os professores, o que pensam os seus alunos? *Educação em Revista*, on-line, v. 29, p. 177-198, 2013.

FERREIRA, J. G. *"Jesus vai voltar e eu não aprendo a ler": práticas de leitura e escrita de mulheres em condição de analfabetismo.* UFPE, 2013. Dissertação (Mestrado em Educação) – Programa de Pós-Graduação em Educação, Universidade Federal de Pernambuco, 2013.

FERREIRO, E. *Reflexões sobre alfabetização.* São Paulo: Cortez; Autores Associados, 1985.

FERREIRO, E.; TEBEROSKY, A. *A psicogênese da língua escrita.* Porto Alegre: Artes Médicas, 1984.

GAMA, Y. M. S. *Construções das práticas de alfabetização: elementos mobilizados no cotidiano da sala de aula.* 2014. Tese (Doutorado em Educação) – Programa de Pós-Graduação em Educação, Universidade Federal de Pernambuco, 2014.

GOIGOUX, R. Un modèle d'analyse de l'activité des enseignants. *Éducation et didactique*, v. 1, n. 3, p. 47-70, 2007.

GUI, R. T. Grupo focal em pesquisa qualitativa aplicada: intersubjetividade e construção de sentido. *Psicologia*, Florianópolis, v. 3, n. 1, p. 135-159, 2003.

KLEIMAN, A. (Org.). *Os significados do letramento: uma nova perspectiva sobre a prática social da escrita.* Campinas: Mercado de Letras, 1995.

KRAMER, S. Privação cultural e educação compensatória: uma análise crítica. *Cadernos de Pesquisa.* São Paulo, n. 42, p. 54-62, ago. 1982.

KRAMER, S. *A política do pré-escolar no Brasil: a arte do disfarce.* São Paulo: Cortez, 1992.

LAHIRE, B. *Sucesso escolar nos meios populares.* São Paulo: Ática, 2004.

LEROY, G.; LESCOUARCH, L. Réflexion sur la question des emprunts pédagogiques partiels dans les pratiques enseignantes. *SpécifiCITéS*, n. 12, p. 31-55, 2019.

LIMA, A. R. *Educação Infantil e alfabetização: um olhar sobre diferentes práticas de ensino*. 2010. Dissertação (Mestrado em Educação) – Programa de Pós-Graduação em Educação, Universidade Federal de Pernambuco, 2010.

MAÇAIRA, E. F. L.; SOUZA, K. M.; GUERRA, M. M. D. (Orgs.). *Política de Ensino da Rede Municipal do Recife: subsídios para atualização da organização curricular*. 2. ed. Recife: Secretaria de Educação, v. 1, 2014.

MACIEL, F. I. P. As cartilhas e a história da alfabetização no Brasil: alguns apontamentos. *Revista de História da Educação*, Pelotas, n. 11, p. 147-168, abr. 2002.

MEIRELES, I.; MEIRELES, E. *A Casinha Feliz: cartilha pela fonação condicionada e repetida*. 2. ed. Rio de Janeiro: Primeira Impressão, 2000.

MONTESSORI, M. (1914). *Le Manuel pratique de la méthode Montessori*. Paris: Groupe Artège, Éditions Desclée de Brouwer, 2016.

MORAES, D. A. de. *As práticas de alfabetização de professoras da Rede Estadual de Ensino de Pernambuco e a formação de crianças alfabetizadas e letradas*. 2006. Dissertação (Mestrado em Educação) – Programa de Pós-Graduação em Educação, Universidade Federal de Pernambuco, 2006.

MORAES, D. A. de. *Construção de práticas de alfabetização no contexto dos Programas Alfa e Beto e PNAIC*. 2015. Tese (Doutorado em Educação) – Programa de Pós-Graduação em Educação, Universidade Federal de Pernambuco, 2015.

MORAIS, A. G. *O emprego de estratégias visuais e fonológicas na leitura e escrita em português*. 1986. Dissertação (Mestrado em Educação) – Programa de Pós-Graduação em Educação, Universidade Federal de Pernambuco, 1986.

MORAIS, A. G. *Sistema de escrita alfabética*. São Paulo: Melhoramentos, 2012.

MORAIS, A. G.; LIMA, N. C. Análise fonológica e compreensão da escrita alfabética: um estudo com crianças da escola pública. In: SIMPÓSIO LATINO-AMERICANO DE PSICOLOGIA DO DESENVOLVIMENTO, 1989, Recife. *Anais...* Recife: [s.n.], 1989, p. 51-54.

MORAIS, A. G.; ALBUQUERQUE, E. B. C. Novos livros de alfabetização: dificuldades em inovar o ensino do sistema de escrita alfabética. In: VAL, M. G.; MARCUSCHI, B. (Orgs.). *Livros didáticos de língua portuguesa: letramento e cidadania*. 1. ed. Belo Horizonte: Autêntica, 2005. p. 205-236.

MORAIS, A. G.; ALBUQUERQUE, E. B. C.; BRANDÃO, A. C. P. Refletindo sobre a língua escrita e sobre sua notação no final da educação infantil. *Revista Brasileira de Estudos Pedagógicos* (RBEP-INEP), v. 97, p. 519-533, 2016.

MORTATTI, M. do R. L. *Os sentidos da alfabetização: São Paulo 1876-1994.* Brasília, DF: MEC/INEP/COMPED; São Paulo: Ed. UNESP, 2000.

PERES, E. T.; VAHL, M. M.; THIE, V. G. Aspectos editoriais da cartilha *Caminho Suave* e a participação da Editora Caminho Suave Limitada em programas federais do livro didático. *Rev. bras. hist. educ.*, Maringá, v. 16, n. 1 (40), p. 335-372, jan./abr. 2016.

PINTO, M. F. G. *Distintas práticas de alfabetização no 1º ano do Ensino Fundamental: como podem influenciar na aprendizagem da leitura e da escrita das crianças?* 2015. Dissertação (Mestrado em Educação) – Programa de Pós-Graduação em Educação, Universidade Federal de Pernambuco, 2015.

RAMALHO, A. M. A. *Avaliação dos saberes dos alunos sobre a escrita alfabética e a construção de práticas de alfabetização de uma professora de Águas Belas-PE.* 2019. Dissertação (Mestrado em Educação) – Programa de Pós-Graduação em Educação, Universidade Federal de Pernambuco, 2019.

RECIFE. Prefeitura. Secretaria de Educação. Diretoria Geral de Ensino. *Tempos de aprendizagem, identidade cidadã e organização da educação escolar em ciclos.* Recife: Ed. Universitária da UFPE, 2003.

REPUBLIQUE FRANÇAISE. Programme de l'école maternelle – petite section, moyenne section, grande section. *Bulletin Officiel*, n. 3, 2008.

ROBERT, A. D.; CARRAUD, F. *Professeurs des écoles au XXIe siècle: portraits.* Education et société. Paris: PUF, 2018.

SANTOS, P. A. S. *Escola e família: investimentos e esforços na alfabetização de crianças.* 2016. Tese (Doutorado em Educação) – Programa de Pós-Graduação em Educação, Universidade Federal de Pernambuco, 2016.

SILVA, N. N. T. *Estudo de práticas de alfabetização face à heterogeneidade de conhecimentos sobre a escrita alfabética nos anos iniciais do ensino fundamental no Brasil e na França: relação entre práticas de ensino e progressão das aprendizagens dos alunos.* 2019. Tese (Doutorado em Educação), – Programa de Pós-Graduação em Educação, Universidade Federal de Pernambuco, 2019.

SOARES, M. *Letramento: um tema em três gêneros.* Belo Horizonte: Autêntica, 1998.

SOARES, M. *Alfabetização e letramento*. São Paulo: Contexto, 2003.

SOARES, M. Letramento e alfabetização: as muitas facetas. *Revista Brasileira de Educação,* Rio de Janeiro, n. 25, p. 5-17, jan./abr., 2004.

SOARES, M. *Alfabetização: a questão dos métodos*. São Paulo, Contexto, 2016.

SOARES, M. *Alfaletrar: toda criança pode aprender a ler e a escrever*. São Paulo: Contexto, 2020.

TFOUNI, L. V. *Adultos não-alfabetizados: o avesso do avesso*. Campinas: Pontes, 1988.

WEISSER, M. *Les savoirs de la pratique: un enjeu pour la recherche et la formation*. INRP, n. 27, p. 93-102, 1998.

Este livro foi composto com tipografia Minion Pro e impresso em papel Offwhite 80g/m² na Formato Artes Gráficas.